全国城市轨道交通专业高职高专规划教材

Chengshi Guidao Jiaotong Fuwu Liyi

城市轨道交通服务礼仪

（第二版）

高 蓉 **主 编**

王 珂 **副主编**

王 英 [北京京港地铁有限公司] **主 审**

人民交通出版社股份有限公司
China Communications Press Co.,Ltd.

内 容 提 要

本书为全国城市轨道交通专业高职高专规划教材。主要内容包括:城市轨道交通服务礼仪概述、城市轨道交通客运服务人员基本礼仪、城市轨道交通站务服务礼仪、城市轨道交通列车司机服务礼仪、城际轨道交通客运服务及乘客投诉处理,共六个单元。

本书为城市轨道交通专业核心教材,可供高职、中职学校教学选用,也可作为城市轨道交通行业岗位培训或自学用书,同时可供城市轨道交通行业的服务或管理人员学习参考。

*本书配有多媒体课件,读者可通过加入职教轨道教学研讨群(QQ群129327355)索取。

图书在版编目(CIP)数据

城市轨道交通服务礼仪 / 高蓉主编. —北京:人民交通出版社股份有限公司, 2017.8(2025.7重印)
全国城市轨道交通专业高职高专规划教材
ISBN 978-7-114-13712-9

Ⅰ.①城… Ⅱ.①高… Ⅲ.①城市铁路—铁路运输—服务人员—礼仪—高等职业教育—教材 Ⅳ.①F530.9

中国版本图书馆CIP数据核字(2017)第053399号

全国城市轨道交通专业高职高专规划教材

书 名:	**城市轨道交通服务礼仪(第二版)**
著 作 者:	高 蓉
责任编辑:	钱 堃 袁 方
责任印制:	张 凯
出版发行:	人民交通出版社股份有限公司
地 址:	(100011)北京市朝阳区安定门外外馆斜街3号
网 址:	http://www.ccpress.com.cn
销售电话:	(010)85285911
总 经 销:	人民交通出版社股份有限公司发行部
经 销:	各地新华书店
印 刷:	北京印匠彩色印刷有限公司
开 本:	787×1092 1/16
印 张:	8
字 数:	171千
版 次:	2011年6月 第1版
	2017年8月 第2版
印 次:	2025年7月 第2版 第13次印刷 总第26次印刷
书 号:	ISBN 978-7-114-13712-9
定 价:	32.00元

(有印刷、装订质量问题的图书由本公司负责调换)

前　言

目前，我国的城市轨道交通正处在快速发展时期，截至 2016 年年底，已开通运营、在建和正在规划建设城市轨道交通的城市已达 58 个。城市轨道交通的大规模发展，造成城市轨道交通行业专业技术人员、管理人员和技术工人的严重匮乏，这对开设城市轨道交通专业的院校提出了越来越高的要求。

为适应目前职业教育"校企合作，工学结合"的人才培养模式，本书主要由具有丰富城市轨道交通岗前培训经验的教师编写，针对城市轨道交通运营企业的岗位需求，系统阐述了城市轨道交通客运服务礼仪的相关内容。

在编写过程中，本书强调以能力培养为本位，结合教学实践，在阐述了城市轨道交通客运服务礼仪基本要求的基础上，增加了礼仪实训与教学指导，融入了大量的案例分析和实际问题处理方法，侧重培养学生解决实际问题和拓展思考的能力。其中，"单元 2　城市轨道交通客运服务人员基本礼仪"突出了礼仪实训的具体环节和指导；"单元 3　城市轨道交通站务服务礼仪"至"单元 6　乘客投诉处理"，阐述了城市轨道交通各个岗位客运服务的具体内容和常见问题处理方法，对城市轨道交通专业的师生和从业人员有一定的指导作用。

本书的编写采取校企合作的方式，得到了北京地铁、京港地铁、广州地铁、上海地铁、北京交通运输职业学院、上海交通职业技术学院等单位的大力支持，还引用了大量国内外作者发表的有关城市轨道交通的文献，以及北京、广州、上海、香港等城市轨道交通企业的运营资料和相关文献。在此谨向有关专家及部门表示衷心的感谢。

本书由北京交通运输职业学院高蓉主编并负责全书的统稿工作，北京交通运输职业学院王珂担任副主编，北京京港地铁有限公司王英担任主审。本书具体分工如下：高蓉编写单元1、单元2、单元3、单元6；王珂编写单元4、单元5。

　　由于编者水平有限，书中不足之处，敬请读者批评指正。

编　者

2017 年 5 月

目　录

单元 1　城市轨道交通服务礼仪概述

教学目标

1. 了解城市轨道交通服务礼仪的作用与基本原则；
2. 了解城市轨道交通服务人员的礼仪素养；
3. 了解城市轨道交通服务人员的素质要求。

建议学时

2 学时

单元 1.1　城市轨道交通服务礼仪的作用与基本原则

一、服务礼仪的概念和内涵

1. 服务礼仪的概念

礼仪的"礼"表示尊重，即在人际交往中既要尊重自己，也要尊重别人，是一种待人接物的基本要求。礼仪的"仪"字表示仪式，即尊重自己、尊重别人的表现形式。礼仪就是律己、敬人的一种行为规范，是表现对他人尊重和理解的过程和方式。礼仪为人们所认同，又为人们所遵守，是以建立和谐关系为目的的各种符合交往要求的行为准则和规范的总和。

服务礼仪属于礼仪的一种，是指在各种服务工作中形成的，得到共同认可的礼节和仪式，是服务人员在服务过程中恰当表示对服务对象的尊重和与服务对象进行良好沟通的技巧和方法。

2. 服务礼仪的内涵

服务礼仪的内涵主要体现在以下三点：

（1）服务礼仪是服务工作的规范或准则，它表现为一定的章法。所谓"入乡随俗，入

1

境问禁"，即在进入某一地域之前，应先对该地域的习俗和行为规范有所了解，并按照这样的习俗和规范去行事。

（2）服务礼仪是人们在社会实践中约定俗成的行为规范。在社会实践中，礼仪往往首先表现为一些不成文的规矩、习惯，然后才逐渐上升为被公众认可的，可以用语言、文字、动作来做准确描述和规定的行为准则，并成为人们有章可循、可以自觉学习和遵守的行为规范。

（3）服务礼仪是一种和谐的人际关系。讲究礼仪的目的是为了实现社会交往各方的互相尊重，从而达到人与人之间关系的和谐。在现代社会，礼仪可以有效地展现施礼者和受礼者的教养、风度与魅力，它体现着一个人对他人和社会的认知水平、尊重程度，是一个人的学识、修养和价值的外在表现。一个人只有在尊重他人的前提下，自己才会被他人尊重。人与人之间的和谐关系，也只有在这种互相尊重的过程中，才会逐步建立起来。

二、城市轨道交通服务礼仪的作用

城市轨道交通服务礼仪是城市轨道交通运营企业员工在工作岗位上通过言谈、举止等行为对乘客表示尊重和友好的行为规范。它是轨道交通优质服务的重要组成部分，不仅有利于员工提高个人的内在修养，而且能够提升轨道交通运营企业的形象。

1. 提高自身修养，改善人际关系

在人际交往中，礼仪往往是衡量一个人文明程度的准绳。它不仅反映一个人的交际技巧与应变能力，而且还反映其气质风度、阅历见识、道德情操、精神风貌。运用礼仪，不仅有益于人们更好地、更规范地设计个人形象、维护个人形象，更好地、更充分地展示个人的良好教养与优雅风度，而且可以使个人在交际活动中充满自信，胸有成竹，更好地向交往对象表达自己的尊重、敬佩、友好与善意，增进彼此之间的了解与信任。

2. 提升企业形象，提高乘客满意度

应用好服务礼仪能够提高乘客满意度，减少投诉的发生。城市轨道交通客运服务人员每天要面对成千上万不同年龄、不同性别、不同性格和不同文化背景的乘客，每天都要与陌生人沟通。面对同样的问题，有些服务人员无法平息乘客的怒气，有些服务人员却能三言两语把问题处理得很妥当，这就是服务礼仪的魅力。

三、城市轨道交通服务礼仪的基本原则

1. 尊重

孔子说："礼者，敬人也。"这是对礼仪核心思想的高度概括。所谓尊重原则，就是要求在服务过程中，要将对客人的重视、恭敬、友好放在第一位，这是礼仪的重点与核心。因此在服务过程中，首要的原则就是敬人之心长存，掌握了这一点，就等于掌握了礼仪的

灵魂。在人际交往中，只要不失敬人之意，哪怕具体做法一时失当，也容易获得服务对象的谅解。

2. 真诚

服务礼仪所讲的真诚原则，就是要求在服务过程中，必须待人以诚，只有如此，才能表达对客人的尊敬与友善，才会更好地被对方所理解，所接受。与此相反，倘若仅把礼仪作为一种道具和伪装，在具体运用礼仪规范时口是心非，言行不一，则有悖礼仪的基本宗旨。

3. 宽容

宽容原则的基本含义，就是要求在服务过程中，既要严于律己，更要宽以待人。要多体谅他人，多理解他人，学会与服务对象进行心理换位，不求全责备，咄咄逼人。

4. 适度

适度原则的含义，就是要求应用礼仪时，为了保证取得成效，必须注意技巧，合乎规范，特别要注意做到把握分寸，认真得体。凡事做过了头，或者做不到位，都不能正确地表达自己的自律、敬人之意。

5. "乘客至上"

城市轨道交通运营企业的重要工作是提供客运服务，满足人们的出行需求，具有鲜明的社会服务特点。城市轨道交通运营企业的运送对象是乘客，摆正自己与服务对象的关系位置，确立"服务为本，乘客至上"的道德意识，讲求服务信誉，千方百计维护乘客利益，全心全意为乘客服务，是城市轨道交通职业道德的核心。

单元 1.2 城市轨道交通服务人员的礼仪素养

一、亲和的微笑

微笑是人际交往中最富有吸引力、最有价值的面部表情，是打开人与人心扉的通用语言。对城市轨道交通服务人员来说，微笑不仅是自身文化素质和礼貌修养的体现，更是对乘客的尊重与热情的体现。相关资源见二维码1。

二维码1

1. 亲和的微笑可以改善服务态度，提高服务质量

微笑对乘客的情绪有主动引导的作用，乘客的情绪往往受服务人员态度的影响。在服务交往中，微笑可以使服务人员很自然地使用温和的语调和礼貌的语气，而且能引发乘客

发自内心的好感，有时还可稳定乘客焦虑急躁的情绪，使乘客在整个交往过程中感到轻松和愉快。

2. 亲和的微笑可以拉近和乘客间的距离

客运服务人员的微笑可以从情感上拉近与乘客的距离。当遇到问题或困难时，乘客就会很自然、很及时地提出，这有助于服务工作顺利展开，避免一些小问题或困难不能被发现和解决，从而直接影响服务质量。

3. 微笑能带来良好的首因效应

首因效应又称第一印象，是指第一次交往过程中形成的最初印象。它具有先入为主的特点，不仅影响乘客的心理活动，而且影响服务交往，有时甚至影响服务工作的顺利进行。一旦乘客对服务人员产生了不良的第一印象，要改变它是十分艰难的，往往要付出比先前多出几十倍的精力。所以在与乘客初次交往时，微笑迎客是相当必要的，它能快捷地使服务人员与乘客的关系变得融洽，收到事半功倍的效果。

4. 微笑的基本原则

（1）主动微笑的原则。在与乘客目光接触的时候，首先要向乘客微笑，然后再开口说话，主动创造友好、热情的氛围。

（2）真诚微笑的原则。微笑是自内心发出的，表示对乘客的尊重和理解。

（3）眼中含笑的原则。脸上有笑，眼睛更要有笑。

案例 1-1（图 1-1）

善于利用微笑来获得成功

1919 年，美国"旅馆大王"希尔顿用父亲留给他的 1.2 万美元连同自己挣来的几千美元进行投资，开始了他雄心勃勃的旅馆经营生涯。当他的资产从 1.5 万美元奇迹般地增值到几千万美元，他欣喜自豪地把这一成就告诉母亲时，他母亲却淡然地说："依我看，你跟以前根本没什么两样……事实上你必须把握比 5100 万元更值钱的东西；除了对顾客诚实之外，还要想办法使来希尔顿旅馆的人住过了还想再来住。你要想出简单、容易、不花本钱并且行之久远的办法去吸引顾客，这样，你的旅馆才有前途。"

母亲的忠告使希尔顿陷入迷惑：究竟什么办法才具备母亲指出的"简单、容易、不花钱并且行之久远"这四大条件呢？他冥思苦想，不得其解。于是他参观商店和旅馆，以自己作为一个顾客的亲身感受，得出了准确答案："微

图 1-1 希尔顿酒店

笑服务"。只有它才实实在在地同时具备母亲提出的四大条件。

从此，希尔顿实行了微笑服务这一独创的经营策略。每天他对服务员的第一句话是："你对顾客微笑了没有？"他要求每个员工不论如何辛苦，都要对顾客投以微笑，即使在旅馆业务受到经济萧条严重影响的时候，他也经常提醒员工记住："万万不可把我们心里的愁云摆在脸上，无论旅馆本身遭受的困难如何，希尔顿旅馆服务员脸上的微笑永远是属于旅客的阳光。"因此，经济危机中幸存的旅馆中，只有希尔顿旅馆服务员的脸上带着微笑。当经济萧条刚过，希尔顿旅馆就率先进入新的繁荣时期，跨入黄金时代。

二、舒心的问候

问候是人与人见面时最初的直接接触。问候得当可以迅速表现出自己的心意与诚意，可以在最初接触时给乘客留下好印象。客运服务人员见到乘客时，应主动打招呼。一般来说，先打招呼的人会在后面的谈话交流和服务中掌握主动。

案例 1-2（图 1-2）

20世纪30年代，一位犹太传教士每天早晨总是按时到一条乡间土路上散步。无论见到任何人，他总是热情地打一声招呼："早安。"

其中，有一个叫米勒的年轻农民，对传教士这声问候，起初反应冷漠。在当时，当地的居民对传教士和犹太人的态度是很不友好的。然而，年轻人的冷漠，未曾改变传教士的热情，每天早上，他仍然给这个一脸冷漠的年轻人道一声早安。终于有一天，这个年轻人脱下帽子，也向传教士道一声："早安。"

好几年过去了，纳粹党上台执政。

图 1-2 配图

这一天，传教士与村中所有的人，被纳粹党集中起来，送往集中营。在下火车、列队前行的时候，有一个手拿指挥棒的指挥官，在前面挥动着棒子，叫道："左，右。"被指向左边的人是死路一条，被指向右边的人则还有生还的机会。

传教士的名字被这位指挥官点到了，他浑身颤抖，走上前去。当他无望地抬起头来，目光一下子和指挥官的目光相遇了。

传教士习惯地脱口而出："早安，米勒先生。"

米勒先生虽然没有过多的表情变化，但仍禁不住还了一句问候："早安。"声音低得只有他们两人才能听到。最后的结果是：传教士被指向了右边——获得了生还机会。

人是很容易被感动的，而感动一个人靠的未必都是慷慨的施舍或巨大的投入。往往一个热情的问候，一个温馨的微笑，也足以在人的心灵中洒下一片阳光。

不要低估了一句话、一个微笑的作用，它很可能使一个不相识的人走进你，甚至爱上你，成为开启你幸福之门的一把钥匙，成为你走上柳暗花明之境的一盏明灯。有时候，"人缘"的获得就是这样"廉价"而简单。

想一想

常用的问候语有哪些？

三、整洁的仪表

客运服务人员每天都要接触成千上万的乘客，乘客对城市轨道交通服务第一印象的产生首先来自服务人员的仪容仪表。良好的仪容仪表，会使人产生美好的第一印象，从而对城市轨道交通起到宣传作用，同时还能弥补某些服务方面的不足。反之，不好的仪容仪表往往会令人生厌，即使有热情服务和一流设施也不一定给乘客留下好印象。

客运服务人员的仪表一定要整洁、朴素。整洁、朴素的仪表可以拉近和乘客的距离，带给乘客清新、健康的印象。

四、得体的语言

语言是为乘客服务的第一工具，它对做好服务工作有着十分突出的作用。得体的语言会让乘客倍感亲切，反之则会截然不同。因此，客运服务人员在工作中应做到亲切和蔼，语言文雅。

客运服务人员要善于察言观色，语言交流要针对乘客实际，要从言谈举止中迅速把握乘客的心情，要明白乘客的弦外之音，了解乘客的愿望。要尽量站在乘客的立场上说话办事，判断乘客的心理和服务需要。除此以外，服务人员需要用委婉的语气表达否定的意思。拒绝乘客时，使用否定句的影响是很强烈的，会给乘客留下不愉快的印象。

案例 1-3

在某地一家饭店餐厅的午餐时间，来自台湾的旅游团在此用餐，当服务员发现一位 70 多岁的老人面前的饭碗空了时，她轻步上前，柔声说道："请问老先生，您还要饭吗？"那位先生摇了摇头，服务员又问道："那先生您完了吗？还需要什么吗？"只见那位老先生冷冷一笑，说："小姐，我今年七十多岁了，这辈子还没落到要饭吃的地步，怎么会要饭呢？我的身体还硬朗着呢，不会一下子完的。"由此可见，由于服务人员用语不合规范，尽管出于好心，却在无意中伤害了客人，这不能怪客人敏感和多疑。

单元1.3 城市轨道交通服务人员的素质要求

一、主动热情

日本的一家服务企业对服务员的面试十分独特，面试会突然中断，然后安排另一个人向这名应试者询问某个问题，比如询问洗手间在什么位置。他们得到的回答通常有三种，第一种回答是"我不知道"；第二种回答是"不知道"，并说明自己的身份；第三种回答是："对不起，我是来面试的，不过我去帮您问一下，然后告诉您。"第一种回答的应试者是不会被公司录用的，而第三种回答的应试者将会被安排到重要的岗位。因为，能否积极主动地提供服务是对一名服务人员的最基本的要求。

主动热情是指服务人员即使在乘客暂时不需要服务时，也要眼观六路，耳听八方，心里想着乘客、眼里看着乘客，为乘客提供服务。优秀的服务人员往往能够在乘客尚未发出"请提供服务"信息之前就能察言观色，主动服务。除此以外，客运服务人员要保持持久的热情。无论乘客如何挑剔，也无论受到了多大的委屈，客运服务人员始终要以积极热情的态度面对每一位乘客，这种热情要建立在以服务为荣的基础上。要记住，不能控制情绪的服务人员是肯定做不好服务工作的。

二、控制情绪

作为一名优秀的客运服务人员，应善于控制自己的情绪、约束自己的情感、克制自己的举动，不论与哪一类型的乘客接触，无论发生什么问题，都能够做到镇定自若，不失礼于人。

当乘客有不满情绪时，往往会对服务人员提出批评，这种批评可能会在不同场合以不同方式提出来。当乘客在公开场合向服务人员疾言厉声时，往往会使人难以接受。遇到这种情况，客运服务人员首先需要冷静，不要急于与之争辩，切不可针锋相对，使矛盾激化难以收拾。如果乘客无理取闹，可以求助相关部门或人员解决。

当乘客不礼貌时，更要做到有礼、有利、有节地解决问题。

有礼，即临辱不怒。面对乘客的不礼貌行为时，客运服务人员不应生气发火，而应沉着冷静，以妙语应粗语，以豁达应愚昧，以文雅对无礼，使个别乘客对自己的行为过意不去，只有这样，才不至于使自己陷入被动的境地，才能够维护企业的窗口形象。

有利，即动之以情，晓之以理。虽然这些乘客态度生硬，但是一旦发现自己理亏，得不到大多数人的支持，还是会有所收敛。

有节，乘客是来乘车的，是服务对象，不能因为乘客有过错而心存芥蒂。要记住和乘客的争论最终受到损失的是企业而不是乘客，同时，对乘客的宽容也会得到回报。

案例 1-4（图 1-3）

在 2005 年 7 月的一次突发事件中，哈尔滨客运段有 18 趟列车受阻，晚点在 10 个小时以上的列车就有 7 趟。天津客运段担当乘务工作的某大连临客列车，在开原站受阻四个多小时，4 号车厢的乘客情绪激动。列车长受到围攻和谩骂，他在这节车厢向乘客鞠躬三十多次，最终感动了乘客。为了保证餐饮的正常供应，每位服务人员在早晨只喝了一碗粥，并继续为乘客提供细致的服务，这种精神感动了大家，乘客主动帮助服务人员清理车厢卫生，还组织了义务宣传队，到各车厢宣传要文明乘车，最终

图 1-3　情景图

列车安全到达目的地。从上述事件可以看到，在面对乘客的不满情绪和过激言行时，服务人员除了代表企业进行道歉外，还需用良好的服务去稳定乘客情绪、化解矛盾。

三、处变不惊

列车就是一个社会，各式各样的人都有，各种情况和突发事件都有可能随时发生，因此，客运服务人员一定要有处变不惊的能力。在面对一些喜怒无常、无理纠缠的乘客时，在遇到列车晚点、发生突发事件时，都需要客运服务人员"临变不乱"来应对各种突发状况。这就要求客运服务人员熟知各类应急处置预案，培养良好的心理素质。

复习与思考

1. 什么是城市轨道交通服务礼仪？
2. 列举城市轨道交通服务人员的礼仪素养。
3. 列举城市轨道交通服务人员的素质要求。

单元 2　城市轨道交通客运服务人员基本礼仪

教学目标

1. 了解客运服务人员的仪容仪表礼仪，掌握化妆的基本步骤和技巧，能够独立完成职业妆；
2. 掌握客运服务人员的着装礼仪，在不同场合下能够正确着装；
3. 掌握站姿、坐姿、行姿以及手势的具体要求，并能在工作中熟练应用；
4. 掌握城市轨道交通客运服务人员的规范服务用语。

建议学时

24 学时

单元2.1　仪 容 礼 仪

一、仪容修饰的基本要求

仪容，即容貌，包括面容、发式、手部等。仪容修饰的基本要求是整洁、自然、端庄。城市轨道交通客运服务人员仪容修饰的具体要求见表2-1。

城市轨道交通客运服务人员仪容修饰要求　　　　　　表2-1

部　　位		修饰要求
面容	眼睛	眼角无分泌物，无睡意，不充血，不斜视，清爽明亮；不戴墨镜或有色眼镜；女性不化烟熏妆和浓眼影
	耳朵	耳朵内外干净，无耳屎
	鼻子	鼻孔干净，不流鼻涕，鼻毛不外露；不要当众擤鼻涕、挖鼻孔
	胡子	不得留胡须，每天刮胡子
	嘴	牙齿整齐洁白，口中无异味，嘴角无泡沫；与乘客交流时不嚼口香糖；上班时不吃刺激性食物，如葱、蒜、韭菜等；女性不用深色或浓重口红

续上表

部 位		修饰要求
面容	牙齿	清洁、无食品残留物
发部	头发	干净、整洁，没有明显头屑
手部	手和手指甲	经常保持手部清洁，洗手后，要用护手霜保持手部润滑；指甲的长度要适度，以防断裂，从手心看，以不长过1mm为宜；不能使用假指甲或做工艺指甲；男士如果吸烟，要涂掉手上的尼古丁痕迹

二、发部修饰

作为城市轨道交通客运服务人员，发部要考虑对象、环境，还要考虑自身特点。面对乘客时，发部要以庄重、严肃、利落大方为原则，而且还要严守本行业、本公司的特殊要求。

1. 发部的整洁

服务人员的头发必须保持健康、秀美、干净、清爽、卫生、整齐，注意头发的养护、清洗、梳理。头发清洁给人留下干净卫生、神清气爽的印象。披头散发、蓬头垢面则给人萎靡不振甚至缺乏教养的感觉。因此，服务人员无论在工作中还是交际活动中，都要对头发勤于梳理、清洗，保持卫生清洁。

通常情况下，男士每半月应理一次发，女士可根据自己的具体情况而定。夏季应当1~2天洗一次头发。

2. 发型选择

选择发型除了考虑个人偏好外，最重要的是要考虑个人条件和工作场合，体现和谐的整体美。面对乘客这一群体，服务人员的发型选择要以庄重、严肃、大方为原则。

（1）男性客运服务人员的发型选择

男性客运服务人员发型应长短适中，不宜过长，前发不要过双眉，侧发不掩耳，后发不及衣领，不留大鬓角，不要剃光头，不要过分追求时尚，更不要标新立异。刘海和鬓角不可过长，发尾不可超过衬衫领口，需要时适当涂抹摩丝。

（2）女性客运服务人员的发型选择

女性客运服务人员发型如为长发，应束起盘于脑后，保持两鬓光洁，无耳发。刘海可卷可直，但必须保持在眉毛上方。任何发型均应使用发胶或摩丝定型，不得有蓬乱的感觉。

（3）发型整理

发型应适合自己的脸型、风度。工作时按照规定梳理发型，不得梳各种怪异发型，严禁漂染色彩鲜艳的头发。

（4）佩戴帽子与发饰要求（图2-1）

图 2-1　佩戴帽子的效果图

男性客运服务人员帽檐边与眉毛保持水平，不露头帘。女性服务人员帽檐在额头的1/2 处，不露出刘海，两侧不留耳发，发花与帽子后侧边沿相贴合。发饰只宜选择黑色且无花色图案的发卡。

三、化妆

化妆是一门艺术，适度而得体的化妆可以体现女性的端庄和美丽。对于一线服务人员来说，和谐得体的妆容效果也是留给乘客美好印象的第一步。

1. 化妆的原则

脸部化妆一方面要突出面部五官最美的部分，另一方面要掩盖或矫正缺陷或不足的部分。妆分为浓妆和淡妆两种。浓妆是一种艳丽的美，给人庄重高贵的感觉，可用在晚宴、演出等特殊的社交场合。淡妆是一种趋于自然的美，给人大方、悦目、清新的感觉，最适合在家或平时上班时使用。无论是淡妆还是浓妆，都需要恰当使用化妆品，并结合一定的艺术处理，才能达到美化形象的目的。化妆的基本原则如下：

（1）自然淡雅的原则

城市轨道交通女性客运服务人员上岗之前要求化淡妆，即不要有明显化过妆的痕迹。因为底妆厚重、色彩过白、烟熏妆、眼线过重等都会让乘客感到不自然。总的来说，服务人员的妆容应自然大方、朴实淡雅。

（2）扬长避短的原则

适当展现自己优点的职业妆是比较好的选择。避短就是将自己面部不太满意的部位通过化妆技巧进行弥补，达到美观、自然、和谐的效果。

（3）整体协调的原则

化妆需要参考自己的职业、年龄、性格及五官特点等因素。职业妆应使整个妆面协调，并且应与全身的装扮相协调，与所处场合、自己身份等相协调。

2. 化妆的禁忌

服务人员在化妆时需要避免某些不应出现的错误做法，具体包括以下几个方面：

（1）离奇出众的创意妆

服务人员化工作妆时不能脱离自己的工作角色，不能追求怪异、神秘的妆容，使人感觉过于突出、另类。

（2）残妆示人

在工作中出汗之后、休息或用餐后妆容容易出现脱妆，以残妆示人给人懒散、邋遢之感，所以服务人员要注意及时补妆。

（3）当众化妆

化妆属于个人隐私，原则是在家中完成化妆过程。临时补妆应在洗手间或隐蔽处进行。

3. 化妆的基础程序

（1）妆前准备

妆前准备的程序是：束发→洁肤→护肤→修眉。

①束发。

②洁肤。化妆前可用温水及洗面奶洗去脸上的油脂、汗水、灰尘等，使妆面干净和光亮。

③护肤。冬季选择霜、膏类护肤品，夏季可选择乳液、水质护肤品，令肌肤柔滑，对皮肤起到保护作用。

④修眉。可用眉刀或眉钳根据自己具体的眉形进行修正，使之更加清秀。

知识链接

修眉的步骤及注意事项

1. 修眉的步骤

（1）正向面对镜子，将笔刷平放在两眉上方，检查两边眉峰的高度，如果两边高度差超过 0.3cm，才需要修眉峰；初学修眉时，不建议修整眉峰，会很容易破坏掉完整眉形。

（2）将眉眼间的大范围杂毛用安全剃刀剃除。

（3）用镊子拔除靠近眉毛处的细小杂毛，拔的时候要夹紧根部，顺向拔起。注意只要慢慢拔除边缘的杂毛即可，拔太多会让眉毛产生空隙。

（4）利用眉梳或眉刷，由眉头向眉峰的位置，将眉毛梳顺。

（5）眉峰到眉尾的眉毛要往下梳。

（6）利用弯形剪刀，把梳整过后的眉毛边缘修剪出整齐的弧线。

（7）如果眉毛太长，可用钢梳将眉毛挑起后剪短。

（8）将眉毛与发际之间的汗毛剃除干净。

（9）如果眼尾的 C 字部位有明显的汗毛，也要将其剃除，才会让妆容显得干净。

（10）两眉之间的杂毛也要修干净。

2. 修眉注意事项

（1）避免用眉夹夹眉毛，因为它会使眼皮松弛，并且会引起毛囊发炎。

（2）多修眉毛下面，少动眉毛上面，只需把眉毛上面修整齐即可，这样会有眉开眼笑的视觉效果。

（3）不可让眉毛过长，因为过长的眉毛会缺少女性柔美的感觉。

（4）两个眉毛之间的眉距一定要保持一只眼睛的大小，这样可以平衡五官。

（5）修眉过后，记得做调肤、润肤保养。

相关资源见二维码2。

二维码2

（2）化淡妆步骤

化淡妆步骤相关资源见二维码 3，相关内容见表 2-2。

二维码 3

化 淡 妆 步 骤

表 2-2

基本步骤	注意事项
1. 打底妆	1. 涂抹饰底产品：大面积在全脸上均匀地涂抹饰底产品，修饰粗大的毛孔、凹凸不平的肌肤或黯沉肤色。 2. 遮瑕：将遮瑕产品涂抹在肤色暗沉部位，如眼睛下方、T字部位等，取少量遮瑕产品用指腹点上，海绵推匀。 3. 上粉底：用海绵沾取粉饼，先抹在上遮瑕产品的部位，由内侧往外延展推匀，然后将海绵折起轻压涂抹鼻翼两侧等边角的部分，最后，整体按压全脸。 4. 要选择适合自己肤色的粉底；注意面部与脖子的衔接；如果之前粉底上得太厚重或者不均匀，可用爽肤水或者矿泉喷雾把海绵喷湿再按压脸部
2. 画眼线	1. 定出眼尾至眼角 1/3 处，确定眼线位置；要贴着睫毛根部描画，淡妆眼线稍细些。 2. 上眼线从内眼角向外眼角画，下眼线从外眼角向内眼角画
3. 刷睫毛	1. 服务人员睫毛膏以黑色、深棕色为宜。 2. 刷睫毛时先将睫毛用睫毛夹夹翘，然后均匀涂抹睫毛膏。 3. 涂睫毛膏时，眼睛往下看，把睫毛的根部尽量露出来，把睫毛刷头插入睫毛根部，保持 2~3 秒，然后往睫毛尾部拉，让睫毛根根分明
4. 描眉毛	1. 用眉笔顺着眉毛的生长方向进行描画。 2. 用眉刷定型，最好用深棕色、浅棕色眉笔，切不可将眉毛化成一条重重的黑色

基本步骤	注意事项
5. 上腮红	1. 腮红应涂在微笑时面部的最高点，均匀晕染。 2. 皮肤白的人一般选用粉色腮红；肤色较深的人一般选用桃红或珊瑚色腮红。 3. 如自己皮肤比较红润，腮红可以省略
6. 涂唇彩	1. 通常使用白色或液体唇膏来保持唇部湿润，并使唇膏颜色保持持久。 2. 唇膏的颜色一般要与腮红颜色保持协调，注意它们的颜色应属同一色系。 3. 为避免口红长时间后产生化开的现象，可以在涂唇膏前先画唇线，但要注意应与唇膏颜色一致

（3）妆后清洁

①喷：先用喷瓶装上清水，喷一下脸部，湿润妆容。

②卸眼妆：如果有假睫毛先把假睫毛用卸妆纸巾轻轻擦掉，然后用化妆棉沾上眼部专用卸妆液轻轻按压眼部1分钟，最后用棉签沾上眼部专用卸妆液把眼睑轻拭一遍。

③洗：用洁面乳轻轻围绕脸部打圈、按摩，约1分钟以后，清洗干净。

④护：挑选适合自己的护肤产品进行护肤。

4. 化妆注意事项及禁忌

（1）服务人员化工作妆时不能脱离自己的工作角色，不能追求怪异、神秘的妆容，要使用与自己肤色、制服颜色相协调的颜色。

（2）脸色不好时一定要用粉底与腮红掩盖。使用液体粉底可以使皮肤看起来细腻。在使用粉底时注意不要让脸部与头部有明显的分界线。用海绵上妆可以使化妆效果匀称。

（3）注意要在饭后补妆，保持妆容整洁。注意脸部的油脂，特别是T字部位，要定时用吸油纸或纸巾摺干油脂。补妆应在洗手间完成。

（4）要讲究化妆品的卫生，要经常清洗化妆用具，不能借用他人化妆品。

小贴士

上过妆的脸，在晚上一定要卸妆后再入睡。用专用的卸妆液将妆卸掉后，仔细用洗面奶将残留的化妆品清洗干净。卸妆时不可太过用力，尤其是眼部。卸妆起到保护皮肤的重要作用，因此不能省略。

5. 不同脸型的化妆技巧

（1）椭圆脸

椭圆脸是公认的理想脸型，化妆时无须太多掩饰，应注意保持其自然形状。腮红应涂在脸颊颧骨的最高处，再向上向外揉化开去。唇彩（除嘴唇唇形有缺陷外）应尽量按自然唇形涂抹。描眉毛时，可顺着眼睛的轮廓修成弧形，眉头应与内眼角对齐，眉尾可稍长于外眼角。

（2）长脸

脸型偏长的人，在化妆时需要增加面部的宽度效果。涂抹腮红时应注意离鼻子稍远些，在视觉上拉宽面部，可沿颧骨的最高处与太阳穴下方所构成的曲线部位，向外、向上抹开。上粉底时，若双颊下陷或者额部窄小，应在双颊和额部涂以浅色调的粉底，使之变丰满。眉毛的位置不宜太高，眉毛尾部切忌高翘，修正时应令其成弧形，切不可有棱有角。

（3）圆脸

圆脸给人可爱、玲珑之感，若要修正为椭圆形并不困难。腮红可从颧骨起涂至下颌部，注意不要简单地在颧骨突出部位涂成圆形。唇彩可在上嘴唇涂成浅浅的弓形，不能涂成圆形的小嘴状，以免有圆上加圆之感。利用粉底在两颊造阴影，使圆脸消瘦一点。选用暗色调粉底，沿额头靠近发际处起向下窄窄地涂抹，至颧骨向下可加宽涂抹的面积，提高脸部亮度，自颧骨以下逐步涂抹鼻子、嘴唇、下巴附近部位。眉毛可修成自然的弧形，做少许弯曲，不可太平直或有棱角，也不可过于弯曲。

（4）方脸

方脸的人以双颊骨突出为特点，因而在化妆时，要设法加以掩饰，增加柔和感。腮红宜涂抹得与眼部平行，在颧骨稍下处往外揉开，切忌涂在颧骨最突出处。利用暗色调粉底在颧骨最宽处造出阴影效果，令其方正感减弱，下颌部宜用大面积的暗色调粉底造出阴影效果，以改变面部轮廓。唇彩可涂丰满一些，强调柔和感。眉毛应修得稍宽一些，眉形可稍带弯曲，不宜有角。

（5）三角脸

三角脸的特点是额部较窄而两腮较阔，整个脸部呈上小下宽状。化妆时应将下部宽角"削"去，把脸型变为椭圆状。腮红可由外眼角处向下抹涂，令脸部上半部分拉宽一些。可利用较深色调的粉底在两腮部位涂抹、掩饰。眉毛宜保持自然状态，不可太平直或太弯曲。

（6）倒三角脸

倒三角脸的特点是额部较宽大而两腮较窄小，呈上阔下窄状。人们常说的"心形脸"，即指这种脸型。化妆时，需要修饰部分恰恰与三角脸相反。腮红应涂在颧骨最突出处，而后向上、向外揉开。可利用较深色调的粉底涂在过宽的额头两侧，而用较浅的粉底涂抹在两腮及下巴处，造成掩饰上部、突出下部的效果。宜用稍亮些的唇彩以加强柔和感，唇形宜稍宽厚些。描眉毛时应顺着眼部轮廓修成自然的眉形，从眉心到眉尾由深渐浅，眉尾不可上翘。

四、仪容仪表礼仪指导与实训

实训 2-1

仪容礼仪指导与实训

（1）实训内容

女性客运服务人员的发型准备与职业妆。

（2）实训目标

掌握职业妆淡妆的基本操作步骤和职业发型要求。

（3）实训准备

梳子、发卡、粉底、眼影、眼线笔、眉笔、腮红、睫毛膏、睫毛夹、口红等化妆工具。

（4）考核评分表

考核评分表见表 2-3。

仪容礼仪考核评分表   表 2-3

考核项目	子项目	考核标准	得分	备注
发部 （25分）	发型发式 （10分）	刘海长度是否超过眉毛，是否修剪整齐（5分） 长发过肩的同学是否盘发（5分）		
	整体效果 （15分）	盘发是否整洁得体，无过多碎发（10分） 头发不油腻、无艳丽夸张头饰（3分） 头发颜色不明显夸张、看不出烫发（2分）		
面部 （75分）	底妆 （25分）	工具和粉底选用是否正确（5分） 面部明显瑕疵及肤色暗沉部位有无遮盖（5分） 底妆是否涂抹均匀（10分） 面部与脖子的衔接是否合理（5分）		
	眼线 （15分）	眼线颜色是否得体（2分） 眼线是否符合淡妆要求（3分） 眼线是否均匀、有无残缺（10分）		
	睫毛 （10分）	睫毛夹使用是否正确（5分） 睫毛膏颜色是否得体（2分） 使用睫毛膏之后睫毛是否根根分明（3分）		
	眉毛 （10分）	是否修剪整齐（2分） 眉形搭配是否合理（3分） 眉笔色彩是否合适（2分） 眉笔使用是否正确（3分）		
	其他 （15分）	化妆步骤是否正确（5分） 化妆时间是否超过10分钟（5分） 妆面是否干净整洁（5分）		

单元2.2 服饰礼仪

服饰是一种无声礼仪，服饰的大方和整洁有一种无形的魅力。它能反映一个人的社会生活、文化水平和各个方面的修养。正如莎士比亚所说："服饰往往可以表现人格。"一个人穿戴什么样的服饰，直接关系到别人对他个人形象的评价。服饰只有与穿戴者的气质、个性、身份、年龄、职业以及穿戴的环境、时间协调一致时，才能达到美的境界。

一、着装的基本原则

1. TPO 原则（时间、地点、场合原则）

（1）时间原则（Time）

职业人士在着装时，必须要考虑时间层面，时间涵盖了每天的早晨、中午、晚上等阶段，也包括春、夏、秋、冬四个季节，服装的穿着要做到随时间而更替。

（2）地点原则（Place）

特定的地点、环境需要配以相适应、相协调的服饰，以获得整体的和谐感，实现人与地点相融洽的最佳效果。

（3）场合原则（Occasion）

在选择服装时，必须与特定的场合气氛相吻合。

2. 应己的原则

所谓应己，就是指着装要符合自身的条件和特点，主要包括：

（1）服饰样式应与自己的年龄和性别相适合；

（2）服饰颜色与肤色要协调；

（3）着装时应考虑到自身的形体。

二、正装的穿着

二维码4

1. 男士正装穿着

在重要会议和会谈、庄重仪式以及正式宴请等场合，男士一般以西装为正装。一套完整的西装包括衬衫、领带、西裤、上衣、腰带、袜子和皮鞋。相关资源见二维码4。

（1）西装穿着规范（图2-2）

①整体要求。西装合体，熨烫平整、整洁挺括。男士穿着不求华丽、鲜艳，衣着不宜有过多的色彩变化，大致不要超过三色。

②衬衫选择。正装衬衫应为纯色，以浅色为主，白色最常用。衬衫领口挺括、洁净，

衬衫衣领高于西装衣领 1.5cm 左右；垂臂时，西装袖口长于衬衫袖口，抬臂时，衬衫袖口长于西装袖口 1.5cm 左右，以显示西装层次。

③领带的标准。领带是西装的灵魂，在正式场合，男士要打领带，领带有单结、双结、温莎结等系法。领带长度以在皮带扣处为宜。

④纽扣系法。西装分单排扣和双排扣西装，单排三粒扣西装系上方两粒或中间一粒；两粒扣西装系上方一粒；双排扣西装扣子全部扣上。

⑤西裤。西裤长度以触到脚背为宜，裤线熨烫好，裤扣扣好，拉链拉好。

⑥西装口袋。上衣和西裤后侧口袋尽量不放物品，名片、笔等轻薄物品可放在西装左侧内侧口袋。

⑦鞋袜。穿西装配黑色袜子、黑色皮鞋，鞋面清洁光亮，袜筒不易过矮。

a)　　　　　　　　　　　　　　　　b)

图 2-2　男士西装穿着规范

（2）西装穿着禁忌（图 2-3）

一忌西裤过短；二忌衬衫放在西裤外面；三忌不扣衬衫扣；四忌抬臂时西装袖子长于衬衫袖；五忌西装的衣、裤袋内鼓鼓囊囊；六忌领带太短（一般长度为领带尖盖住皮带扣）；七忌西装上装所有扣都扣上（双排扣西装则应都扣上）；八忌西装配便鞋（休闲鞋、球鞋、旅游鞋、凉鞋等）。

a)　　　　　　　　　　　　　　　　b)

图 2-3　男士西装穿着禁忌

（3）常用领带打法

①平结（Plain Knot）。

平结是男士们选用最多的领带打法之一，几乎适用于各种材质的领带。完成后，领带呈斜三角形，适合窄领衬衫，见图 2-4。

要诀：图2-4中宽边在左手边，也可换右手边打；在形成凹凸情况下，尽量让两边均匀且对称。

图2-4　平结图解

②温莎结（Windsor Knot）。

温莎结是因温莎公爵而得名的领带结，是最正统的领带打法。打出的结成正三角形，饱满有力，适合搭配宽领衬衫。该种打法应避免使用材质过厚的领带，见图2-5。

要诀：宽边先预留较长的空间，绕带时的松紧会影响领带结的大小。

图2-5　温莎结图解

③半温莎结（The Half-Windsor Knot），即十字结。

半温莎结最适合搭配尖领及标准式领口系列衬衣，它比温莎结小，系好后的领结通常位置很正，见图2-6。

要诀：使用细款领带较容易上手，适合不经常打领带的人。

图2-6　半温莎结图解

④交叉结（Cross Knot）。

交叉结的特点在于打出的结有一道分割线，适用于颜色素雅且质地较薄的领带，见图2-7。

要诀：注意按步骤打完领带是背面朝前。

图 2-7　交叉结图解

⑤四手结（The Four-Inohand）。

四手结是所有领结中最容易上手的，适合宽度较窄的领带，搭配窄领衬衫，风格休闲，适用于普通场合。它通过四个步骤就能完成打结，故名为"四手结"，见图 2-8。

要诀：图 2-8 中宽边在左手边。

图 2-8　四手结图解

2. 女士正装穿着

女士的职业装比男士有些变化，合适、得体的职业装能增添女士的自信。相关资源见二维码 5，相关内容见图 2-9。

二维码 5

图 2-9　女士职业套装和套裙

（1）女士职业装选择

①职业套装应选择质地上乘的面料，上衣与裙子应使用一种面料。

②职业装套裙色彩的选择应淡雅、庄重，不宜选择过于鲜亮、扎眼的色彩。套裙要与工作环境相协调，选择以浊色调、冷色调为主，上、下身色彩可一致，也可是两种不同颜色。

③西装套裙款式。西装套裙样式很多，如西服裙、一步裙、筒裙、A 字裙等。

④职业装款式有职业套裙、职业套裤、分身半职业装、束腰职业装等。

（2）女士职业装穿着规范

①上衣。上衣讲究平整挺括，较少使用饰物和花边进行点缀。

②裙子。年轻女性的裙子以窄裙为主，下摆可在膝盖以上 3~6cm，但不可太短；中老年女性的裙子应在膝盖以下 3cm 左右。裙子里面应穿着衬裙。真皮或仿皮的西装套裙不宜在正式场合穿着。

③衬衫。以单色为最佳之选。衬衫的下摆应掖入裙腰之内而不是悬垂于外，也不要在腰间打结；衬衫的纽扣除最上面一粒可以不系上，其他纽扣均应系好。

④鞋袜。鞋子应是高跟鞋或中跟鞋，款式应以简单为主。袜子应是高筒袜或连裤袜，一般不要选择鲜艳、带有网格或有明显花纹的丝袜。丝袜颜色应与西装套裙相搭配。穿西服套裙应穿肉色丝袜配正装船鞋；穿裤装应配矮腰丝袜、船鞋。

⑤女士配饰。正式场合配饰要考究，不佩戴粗制滥造的饰物，要求质地、做工考究，避免佩戴发光、发声、艳丽夸张的饰物。手提包、首饰、袜子、丝巾、胸花等配饰要具有整体美感。

（3）女士职业装穿着禁忌

①不要穿过于性感和暴露的服饰。

②薄纱型衣、裙、裤，因其透光性较强，穿着时需有内衬，不然会显得十分不雅。对于外国朋友来说，"透"比"露"更难以让人接受，因为在他们看来"透"不仅有碍观瞻，而且还说明穿戴者有不自爱之嫌。

③袜子是女性腿部的时装，要注意不应穿着跳丝、有洞或补过的丝袜外出。另外，袜子的大小松紧要合适，不要走不了几步就往下掉，或显得一高一低，当众整理袜子则有失体统。

三、制服的穿着

制服标志着自己的职业特色。它的设计充分考虑了穿着者从事的职业和身份与环境相配，有一种美的内涵。任何公司都有自己的制服，制服可以衬托一个人，通过一件制服可以看到一个人的职业形象，展现公司的精神面貌。穿上醒目的制服不但易于他人辨认，而且也使穿着者有一种自豪感和责任感。

制服展现了公司的形象。乘客看着穿制服的工作人员也就是在看着公司，因此，在穿着制服的时候，要注意自己的仪容仪表，注意整洁，使自己的形象、举止符合制服应表现出的形象。制服的美观既突出了员工的精神面貌，也反映了企业的管理水平和卫生状况。

1. 制服的穿着要求和规范

（1）外观整洁。制服平整挺括、完好无损、干净卫生、无异味，避免褶皱。

（2）文明着装。避免穿着过分裸露、包头和过分瘦小的服装。

（3）穿着搭配得当。配饰搭配以少而精为主，色彩、款式不超过三样；丝巾领带佩戴要规范；鞋袜按正装标准穿着。

2.制服穿着注意事项

（1）在穿制服时不宜佩戴镶宝石的装饰品，如手镯、悬垂挂件、装饰戒指、胸针、脚链等。

（2）工作时不得佩戴两枚以上超过 5mm 的戒指。

（3）耳针的大小不许超过黄豆粒或 3mm，不许有悬垂物。

（4）工作时不能佩戴装饰项链、珍珠项链等较夸张的饰物，最好佩戴一条素链。

（5）头上不得佩戴发圈和有颜色的发夹。

四、服饰礼仪指导与实训

实训 2-2

打领带实训

（1）实训目标

掌握不同场合的打领带方式。

（2）实训方法

学生根据自身衬衫衣领的特点选择合适的领带打法，要求在 10 分钟之内完成，老师点评。

（3）考核评分表

考核评分表见表 2-4。

打领带考核评分表 表2-4

考核项目	子项目	考核标准	得分	备注
打领带 （100分）	打法选择 （15分）	是否适合正式场合（5分） 是否适合自身的领带材质（10分）		
	打法完成 （20分）	领带的打法是否正确（10分） 是否在5分钟之内完成（10分）		
	完成效果 （30分）	打好后的结是否美观、松紧合适（20分） 领带长度是否合理（5分） 领带佩戴是否正确（5分）		
	指定打法 （35分）	打法是否正确（10分） 是否在5分钟之内完成（10分） 打好后的领带是否美观（10分） 长度是否合理（5分）		

实训 2-3

正装穿着实训

（1）实训目标

掌握正装的穿着规范。

（2）实训方法

学生每 5 人一组，根据不同场合进行服装搭配并展示；分组考核；学生点评总结。

（3）考核评分表

考核评分表见表 2-5、表 2-6。

男士正装穿着考核评分表 表 2-5

考核项目	子项目	考核标准	得分	备注
服饰 （100分）	衬衫 （25分）	衬衫是否适合正式场合（5分） 衬衫是否合身（5分） 衬衫是否整洁、挺括（5分） 扎法是否正确（5分） 衣领、袖口是否符合规范（5分）		
	领带 （15分）	领带结是否符合正式场合（5分） 领带长度是否合适（5分） 领带佩戴是否正确（5分）		
	西装 （10分）	西装扣子扣法是否正确（5分） 西装是否熨烫整齐（5分）		
	西裤 （10分）	西裤长度是否合适，是否合身（5分） 西裤是否熨烫整齐（5分）		
	皮鞋与皮带 （20分）	皮带和皮鞋样式是否满足正装要求（10分） 皮鞋是否擦拭干净（5分） 鞋袜颜色搭配是否合适（5分）		
	整体协调 （20分）	是否满足三色原则（5分） 是否满足三一定律(鞋、腰带、公文包为同一颜色)(5分) 佩戴的饰物及手指甲是否满足服务人员的要求（5分） 发型是否满足服务人员要求（5分）		

女士正装穿着考核评分表 表 2-6

考核项目	考核项目	考核标准	得分	备注
服饰 （100分）	正装基础规范	外观整洁、无异味（10分） 熨烫整齐，无破损（10分）		
	制服的穿着规范	配饰佩戴规范（20分） 衬衫整洁、挺括、扎法正确（20分） 衣领袖口着装规范（10分） 上衣、裤装搭配（20分） 鞋袜搭配（10分）		

单元2.3 仪态礼仪

一、站姿

站姿是指人在停止行动之后，直立身体、双脚着地的姿势。它是一种静态的身体造型，是人们生活中最基本的姿态，又是其他动态的身体造型的基础和起点。优美的站姿是展现人体动态美的起点，是培养仪态美的基础。相关资源见二维码6。

1. 站姿的基本要求

标准站姿，指人们在自然直立时所采用的正确姿势。标准站姿的要点是正和直，主要特点是头正、肩正、身正；颈直、背直、腰直、腿直。

二维码6

2. 站姿要领

站立时头部平视前方，收下颌，面带微笑，颈部挺直，双肩舒展，腹部自然收拢，腰部直立，臀部上提，双臂自然下垂，双腿并拢立直。

3. 工作中不同的站姿方式

不同的工作岗位对站姿有不同的要求，但任何一种形式的站姿都是在标准站姿基础上变化的，工作人员在实际工作中可选择合适的站姿形式来为乘客服务。服务过程中常见的站姿有以下几种。

（1）垂放站姿

双臂自然下垂，双手中指分别放于裤缝或裙缝处，手指自然放松，适用于训练标准体态时或重要领导审查、检阅时采用。见图2-10a）。

（2）前搭手位站姿

双手四指并拢，右手在外，左手在内，将右手食指放于左手指跟处，并将拇指放于手心处。前搭手位站姿是工作时运用最多的站姿体态，一般与乘客交流都采用前搭手位站姿，见图2-10b）。

（3）后搭手位站姿

男士右手在外，左手在内，双脚打开，双脚的距离不超过自己肩的宽度，适用于前方无人时和在巡视时运用，见图2-10c）。

4. 站姿禁忌

站姿禁忌指工作人员在工作岗位上不应具有的站立姿势。在与乘客的交流中，工作人员要尽量注意身体各部位的姿态，避免出现以下不良的站姿：

（1）头部歪斜，左顾右盼。

（2）高低肩、含胸或过于挺胸。

（3）双手插兜或叉腰，双肩抱于胸前。

（4）腰背罗锅，弯曲，小腹前探。

（5）腿部抖动交叉过大，膝盖无法收拢。

a)垂放站姿　　　　b)前搭手位站姿　　　　c)后搭手位站姿

图 2-10　各种不同站姿

5. 站姿练习

（1）背靠背站立。两人一组，要求两人后脚跟、小腿、臀、双肩、脑后枕部相互紧贴。

（2）靠墙练习。要求头、背、臀均紧挨着墙。九点靠墙法练习（保证两肩膀、两小腿肚、臀部两侧、两脚后跟、后脑勺都靠墙）。

（3）男同学顶书训练［图 2-11a）］。在头顶上平放一本书，保持书的平衡，以检测是否做到头正、颈直。

a)男同学顶书训练　　　　　　　b)女同学顶书夹纸训练

图 2-11　客运服务人员正在训练站姿

（4）女同学顶书夹纸训练［图 2-11b）］。学生面对面进行标准站姿的练习，要求头顶书，在膝盖部位夹一张纸。

（5）不同站姿练习，以小组为单位根据教师口令展示不同站姿（图 2-12）。

图 2-12　不同站姿展示

二、坐姿

坐姿是臀部置于椅子、凳子、沙发等物体之上，单脚或双脚放在地上的姿势。它是一种静态的仪态造型，是常用的姿势之一。不同的坐姿传达不同的意义和情感，文雅的坐姿可以展现人体静态美。相关资源见二维码 7。

二维码 7

1. 坐姿的基本要求

坐姿不仅包括坐的静态姿势，同时还应包括入座和离座的动态姿势，"入座"作为坐的"序幕"，"起坐"作为坐的"尾声"。

（1）入座时要轻稳。走到座位前转身后，右脚向后退半步，然后轻稳坐下，再把右脚与左脚并齐。如是女士，入座时应先背对着自己的座椅站立，右脚后撤，使右脚确认椅子的位置，再整理裙边；挺胸，双膝自然并拢，双腿自然弯曲，双肩自然平正放松，两臂自然弯曲；双手自然放在双腿上或椅子、沙发扶手上，掌心向下。

（2）臀部坐在椅子 1/2 或者 2/3 处，两手分别放在膝上（女士双手可叠放在左膝或右膝），双目平视，下颌微收，面带微笑。

（3）离座时要自然稳当，右脚向后收半步，然后起立，起立后右脚与左脚并齐。

2. 女士常见的坐姿

（1）正坐式。双腿并拢，上身挺直、落座，两脚两膝并拢，两手搭放在双腿上，置于大腿的 1/2 处。要求上身和大腿、大腿和小腿都应成直角，小腿垂直于地面，双膝、双脚包括两脚的脚跟都要完全并拢，见图 2-13。入座时，若是女士着裙装，应用手先将裙摆稍稍拢一下，然后坐下。

（2）开关式。要求上身挺直，大腿靠紧后，一脚在前，一脚在后，前脚全脚着地，后脚脚掌着地，双脚前后要保持在一条直线上。

（3）点式。双膝先并拢，然后双脚向左或向右斜放，力求使斜放后的腿部与地面呈 45° 角。这种坐姿适用于穿裙子的女士在较低处就座使用。

（4）重叠式。将双腿完全地一上一下交叠在一起，交叠后的两腿之间没有任何缝隙，犹如一条直线。双腿斜放于左或右一侧，斜放后的腿部与地面呈 45° 角，叠放在上的脚尖垂向地面。这种坐姿适合于穿短裙子的女士采用，见图 2-14。

图 2-13　女士正坐式坐姿　　　　　图 2-14　女士重叠式坐姿

3. 男士常见的坐姿

（1）正坐式。上身挺直、坐正，双腿自然弯曲，小腿垂直于地面，两脚两膝分开为一脚长的宽度，双手以自然手型放在两膝后侧或椅子的扶手上。

（2）重叠式。右小腿垂直于地面，左腿在上重叠，双脚小腿向里收，脚尖向下，双手放在扶手上或放在腿上，见图 2-15。

4. 坐姿禁忌

坐姿禁忌指工作人员在工作岗位或与乘客交谈时不应出现的坐姿。坐姿是人际关系交往过程中持续时间较长的一种姿态，如果出现以下坐姿禁忌，会给对方留下难以改变的印象，见图 2-16。

（1）侧肩、耸肩、上身不正。

（2）含胸或过于挺胸。

（3）双臂交叉抱于胸前。双手抱于腿上或夹在腿间。

（4）趴伏桌面，背部拱起。

（5）跷二郎腿，叉开过大，腿部伸出过长。

（6）脚步抖动，蹬踏他物，脚尖指向他人。

图2-15　男士重叠式坐姿

图2-16　坐姿禁忌

5.坐姿训练

（1）加强腰部、肩部的力量和支撑力训练，进行舒展肩部的动作练习，同时利用器械进行腰部力量的训练。

（2）按照动作要领体会不同坐姿，经常性地纠正和调整不良习惯。

（3）每种坐姿训练持续10分钟，加强腰部支撑能力。

二维码8

三、行姿

行姿是体现城市轨道交通工作人员的基本形象。在工作过程中，行姿代表着企业的形象和精神。相关资源见二维码8，相关内容见图2-17。

图2-17　行姿

1.行姿的基本要求

（1）规范的行姿首先要以端正的站姿为基础。

（2）双肩应平稳，以肩关节为轴，双臂前后自然摆动。

（3）上身挺直，头正、挺胸、收腹、立腰，重心稍向前倾。

（4）注意步位。脚尖略开，起步时，身体微向前倾，两脚内侧落地。不要将重心停留在后脚，并注意在前脚着地和后脚离地时要伸直膝部。

（5）步幅适当。一般前脚的脚跟与后脚的脚尖相距为脚长左右距离，步伐稳健，步履自然，要有节奏感，保持一定的速度。但因性别不同、身高不同、服饰不同，步幅的大小也有一定的差异。一般情况下，每分钟行走 110 步。当然，这还取决于工作的场合和岗位。行姿整体上要给人以步态轻盈敏捷、有节奏的感觉。

2. 不同工作情况下的行姿标准

在具体的工作中，工作人员的步态有着不同的要求和规范，城市轨道交通行业工作人员需要根据工作情况给予关注。

（1）与乘客迎面相遇时，工作人员应放慢脚步，面带微笑目视乘客表示致意，并实时伴随礼貌的问候用语。以规范的"右侧通行"原则，让乘客先行。

（2）陪同引领乘客时，如果乘客同行，应遵循"以右为尊"的原则，工作人员应走在乘客的左侧。引领乘客时应走在乘客的左前方二三步的位置。行进步速需与乘客步幅保持一致。

（3）进出升降式电梯、无人操控电梯时，乘客后进先出，有人操控电梯时乘客先进先出。

（4）搀扶帮助他人时，注意步速与对方保持一致。在行进过程中适当停顿，询问乘客身体状况。

3. 行姿禁忌

工作人员在工作岗位上不应出现如下的行姿，要尽量控制和克服不良步态的出现。
（1）走路"内八字"或"外八字"。
（2）蹬踏和拖蹭地面，踮脚走路。
（3）步伐过快或过慢。

4. 行姿的训练方法

（1）摆臂训练。
（2）步位步幅训练。
（3）画直线或沿着地面砖的直线缝隙进行直线行走练习。
（4）顶书练习，要求练习者以立正姿势站好，出左脚时，脚跟着地，迅速过渡到脚尖，脚尖稍向外，右脚动作同左脚，注意立腰、挺胸、展肩。

◀ 四、蹲姿 ▶

蹲姿是由站姿转换为两腿弯曲、身体高度下降的姿势，常用于工作人员捡拾物品。相关资源见二维码 9。

1. 蹲姿的基本要求

站在所取物品的旁边，一脚前、一脚后，弯曲双膝，不要低头且双脚支撑身体，蹲下时要保持上身的挺拔，体态自然。

二维码 9

2. 蹲姿的不同形式

（1）高低式蹲姿。特征是两膝一高一低。女士两腿膝盖相贴靠，男士膝盖朝向前方，见图 2-18。

（2）交叉式蹲姿。仅限于女士。蹲下时双膝交叉在一起，两腿交叉重叠，后退脚跟抬起，脚掌着地，上身略向前倾，见图 2-19。

图 2-18 高低式蹲姿

图 2-19 交叉式蹲姿

3. 蹲姿禁忌

（1）行进中突然下蹲。

（2）背对他人、正对他人蹲下。

（3）女士着裙装时下蹲毫无遮饰。

（4）正常工作中蹲姿休息。

4. 蹲姿的训练方法

（1）加强脚踝、膝盖等关节的柔韧性，练习提腿、压腿、活动关节等动作。

（2）蹲姿控制练习中要有意识地控制平衡，保持蹲姿，形成好习惯。

五、站、坐、行、蹲姿指导与训练

实训 2-4

站、坐、行、蹲姿指导与训练

（1）实训要求：着正装，女士穿高跟鞋进行练习。站姿、坐姿等仪态训练每次不少于 15~20 分钟，并配以适当的音乐，缓解训练的疲劳，训练时保持良好心情。

（2）以组为单位进行不同仪态训练，并及时纠正或点评。采用同学之间互评、分组竞赛的方式来改善和充实单调的练习。

（3）站、坐、行、蹲姿考核（表2-7）。

站、坐、行、蹲姿实训考核评分表　　表2-7

考核项目	子项目	考核标准	得分	备注
站姿（30分）	迎候站姿（20分）	头正、脖颈挺直、下颌微收（3分）		
		双目平视前方（2分）		
		肩平（2分）		
		脊柱、后背、腰部挺直（3分）		
		腹肌、臀大肌微收缩并上提（2分）		
		前搭手位：右手握左手手指（女），右手握左手手掌（男），置于肚脐上下位置（4分）		
		脚位：丁字脚位（女），平行脚位（男）（4分）		
	垂直站姿（10分）	头正、肩平、上身挺直（3分）		
		手位：双手自然垂放贴于裤缝（2分）		
		膝盖并拢（2分）		
		脚位：脚跟并拢，男士脚尖分开45°~60°，女士脚尖分开30°~45°（3分）		
坐姿（30分）	入座（11分）	从椅子的左侧入座（2分）		
		入座动作（标准8步）（5分）		
		椅子不发出响声（2分）		
		坐在椅子的1/2~2/3处（2分）		
	标准坐姿（19分）	头正、双目平视前方（2分）		
		双肩放松、平正（2分）		
		立腰挺胸，上身挺直、与大腿成90°夹角（5分）		
		大腿与小腿成90°夹角，膝盖并拢（女），膝盖分开与肩同宽（男）（5分）		
		手自然放于双腿上（男），前搭手位（女）（5分）		
行姿（25分）	行姿规范（25分）	抬头挺胸、步履稳健、双目平视前方（5分）		
		头正、肩平（3分）		
		不扭腰、不扭臀（3分）		
		上身无明显晃动，不甩肩（5分）		
		双脚平行前进，无明显"外八"和"内八"现象（3分）		
		步幅适度、步速平稳（3分）		
		手位摆动自然（3分）		
蹲姿（15分）	下蹲动作（5分）	走到物品旁，自然下蹲、不遮遮掩掩、不弯腰、不撅臀（3分）		
		不露出内衣裤（2分）		
	高低式蹲姿（10分）	不驼背、不塌腰（3分）		
		右脚全脚着地，小腿基本垂直于地面，左脚脚跟提起，前脚掌着地（2分）		
		女士左膝内侧靠于右小腿内侧，男士两膝盖分开不超过肩宽（3分）		
		手位：一只手捡拾物品，另一只手自然放于大腿上（2分）		

六、表情礼仪

在与乘客交往中，工作人员的面部表情可以给人们最直接的感觉和情绪体验。当表情与语言、行为一致时，工作人员与乘客间的距离就会缩短。同时，好的表情也能给乘客带来好的心情和良好的沟通。

1. 表情礼仪的基本原则

在与乘客进行交流时，表情的应用要遵循以下四个原则：

（1）谦恭

谦恭是工作人员主动向客人表示尊敬的一种方式，是服务对象首要的心理需求，也是评价服务水平的重要标准。

（2）友好

友好是客运服务人员主动向客人表示希望与之沟通和欢迎的表现形式，是顺利完成交流的重要基础。

（3）适时

适时是要求工作人员的表情神态，要与所处的场合和工作情景协调恰当，要求工作人员要有较强的应变能力和对情景气氛的感受能力。

（4）真诚

所有的语言和行为，如果不是建立在真诚的基础上，都会背离服务目标走向虚伪，而虚伪必将导致服务失败。

2. 表情礼仪的基本要素

（1）目光

眼睛是心灵之窗，眼神能准确地表达人们的喜、怒、哀、乐等一切感情，客运服务人员应学会正确地运用目光，为乘客创造轻松、愉快、亲切的环境与气氛，消除陌生感，缩短距离。

①正视乘客的眼部。接待乘客时，无论是问话答话、递接物品、收找钱款，都必须以热情柔和的目光正视乘客的眼部，向其行注目礼，使之感到亲切温暖。

②视线要与乘客保持相应的高度。在目光运用中，平视的视线更能引起人的好感，显得礼貌和诚恳，应避免俯视、斜视。俯视会使对方感到傲慢不恭，斜视易被误解为轻佻。如站着的服务人员和坐着的乘客说话，应稍微弯下身子，以求拉平视线；侧面有人问话，应先侧过脸去正视来客再答话。

③运用目光向乘客致意。当距离较远或人声嘈杂，言辞不易传达时，客运服务人员应用亲切的目光致意。

④接触时间要适当。据心理学家研究表明，人们视线相互接触的时间，通常占交谈时间的30%~60%。时长超过60%，表示彼此对对方的兴趣大于交谈的内容，特殊情况下，表示对尊者或长者的尊敬；时长低于30%，表示对对方本人或交谈的话题没什么兴

趣，有时也是疲倦、乏力的表现。视线接触时，一般连续注视对方的时间最好在 3 秒以内。在许多文化背景中，长时间的凝视、直视、侧面斜视或上下打量对方，都是失礼的行为。

⑤接触方向要合适。接触方向可以分为视线接触三区。上三角区（眼角至额头），处于仰视角度，常用于下级对上级的场合，表示敬畏、尊敬、期待和服从等。中三角区（眼角以下面部），处于平视、正视的角度，表示理性、坦诚、平等、自信等。下三角区（前胸），属于隐私区、亲密区，不能盯视。

（2）微笑

笑是人类最美好的表情。因为人类的笑脸散发着自信、温暖、幸福、宽容、慷慨等情绪。轻轻一笑，可以招呼他人或者委婉拒绝他人；抿嘴而笑能给人以不加褒贬、不置可否之感；大笑则令人振奋、欣喜、激动。

作为客运服务人员，自然流露的微笑才是乘客需要的微笑，也是最美的微笑，这种微笑是发自内心的、轻松友善的微笑。客运服务人员在微笑中不仅可充分而全面地体现自信、热情，而且能表现出温馨和亲切，给乘客留下美好的心理感受。

①微笑的种类

a. 温馨的微笑（图 2-20）。只牵动嘴角肌，两侧嘴角向上高于唇心，但不露出牙齿，适用于和陌生乘客打招呼时。

b. 会心的微笑（图 2-21）。嘴角肌、颧骨肌与其他笑肌同时运动，牙齿变化不大，但要有眼神交流和致意的配合，适用于表示肯定、感谢时。

c. 灿烂的微笑（图 2-22）。嘴角肌、颧骨肌同时运动，露出牙齿，一般以露出 6~8 颗牙齿为宜，适用于交谈进行中。

图 2-20 温馨的微笑　　　　　图 2-21 会心的微笑　　　　　图 2-22 灿烂的微笑

②微笑禁忌

a. 不要缺乏诚意，强装笑脸。

b. 不要露出笑容随即收起。

c. 不要仅为情绪左右而笑。

d. 不要把微笑只留给上级、朋友等少数人。

3. 表情礼仪的练习方法

（1）发"一""七""茄子""威士忌"等音，使嘴角露出微笑。

（2）手指放在嘴角并向脸的上方轻轻上提，使脸部充满笑意。

（3）以对着镜子自我训练为主，学生对着镜子来调整和纠正"三种"微笑。嘴角需要同时提起，不要露出很多牙龈。

（4）用门牙轻轻地咬住筷子，嘴角两边都要翘起，并且使嘴角两端与筷子平行，保持这个状态10秒，抽出筷子，练习维持当时的状态，如图2-23所示。

图2-23　某航空公司空姐正在练习微笑

（5）情景熏陶法，通过美妙的音乐创造良好的环境氛围，引导学生会心地微笑。

（6）同学之间通过打招呼、讲笑话来练习微笑，并相互纠正。

（7）在综合训练时，在教师监督下，学会正确运用表情，注意微笑与眼神协调的整体效果。不当之处由教师现场指出、修正，见表2-8。

微笑考核评分表　　　　　　　　　　　　　　　　表2-8

考核项目	考核内容		得分	备注
表情（40分）	三种表情的技巧（30分）	温馨的微笑（10分）		
		会心的微笑（10分）		
		灿烂的微笑（10分）		
	展示个人最好的微笑（10分）			
眼神（30分）	不同情境的眼神表现（30分）			
综合（30分）	微笑眼神与形体的协调表现（30分）			

单元 2.4 沟 通 礼 仪

一、见面礼仪

见面礼仪主要包括问候礼仪、称呼礼仪、致意礼仪和鞠躬礼仪。相关资源见二维码 10。

二维码 10

1. 问候礼仪

问候是见面时最先向对方传递的信息，如果能够迅速、积极地表达出自己的诚意和心意，就可以在最初接触时给乘客留下一个好印象。

（1）问候要积极主动。主动问候会给乘客一个温暖的感受，也会在接下来的交谈中占据主动。即使是乘客先打招呼了，客运服务人员也一定要立即回应问候乘客。

（2）问候的声音要清晰、洪亮且柔和。见面时，对方的心态不可预知，但一声响亮的问候，能将气氛调动起来。尤其在早晨、午后、傍晚等乘客神经尚未完全兴奋时，大声的问候会使乘客感到振奋，有利于服务气氛的开朗、活跃。

（3）问候时要形神兼备。问候时注视乘客的眼睛，明确坦诚地表达对乘客的欢迎，并伴随微笑、点头和致意。

2. 称呼礼仪

在问候乘客时，往往需要运用称呼，如"您""先生"等。适当地运用称呼，会让人觉得你彬彬有礼，很有教养；可以使互不相识的人乐于相交，熟人更加增进友谊。对于客运服务人员而言，更要学会正确地称呼乘客。称呼时自己的态度要热情、谦恭。称呼用语要恰当、亲切。

（1）敬称，如"您""您老"等，多用于尊长、长辈。但客运服务人员一定要用敬称，表示对乘客的客气与尊敬。

（2）亲属称谓，就是对非亲属的交际双方以亲属称谓，通常在非正式交际场合使用。客运服务人员如果在为特殊乘客提供服务时可以使用，如"大哥""大姐""大伯""大妈""大叔""爷爷""奶奶"等，不过要注意对方的年龄，不要把别人称呼老了。

（3）职业称谓，用于较正式的场合，带有尊重对方职业和劳动的意思，如"师傅""大夫""医生""老师"等，可以冠之以姓。

（4）职称称谓，对干部、技术人员等的称谓。国家工作人员等在各种交际场所都应该用职务称谓，如书记、经理、主任、主席、教授、工程师等，在前面加上姓名，对总经理前面一般加姓，称"×总"。

（5）姓名称谓，在正式场合称呼比较熟悉的同辈人为"老+姓"（老王、老张等）；对干部、知识分子等老年男性称"姓+老"（李老等）；长辈称小辈"小+姓"（小田等）。

（6）统称，男性称"先生"、女性称"女士"是当今社会上最为流行的称呼，在服务工作中也可以使用。

3. 致意礼仪

致意是要把向他人表示问候的心意，用礼节、行为举止表现出来。礼貌的致意会给人一种友好愉快的感受。致意礼仪有以下几种：

（1）点头致意。适用在一些公共场合与熟人见面而又不便交谈时、在同一场合多次见面时、路遇熟人时等情况。点头时要面带微笑，目视对方，轻轻点一下头即可。

（2）微笑致意。适用于与相识者或只有一面之交者，彼此距离较近但不适宜交谈或无法交谈的场合。微笑致意可以不做其他动作，只是两唇轻轻致意，不必出声，即可表达友善之意。

（3）举手致意。与点头致意的场合大体相同，并且是对距离较远的熟人打招呼的一种方式。正确做法是右臂伸向前方，右手掌心朝向对方，四指并拢，拇指叉开，轻轻向左右摆动一两下即可。

（4）起立致意。在较正式的场合，有长者、尊者要到来或离去时，在场者应起立表示致意。待他们落座或离开后，自己才可以坐下。

（5）欠身致意。多用于对长辈或对自己尊敬的人致意。运用这种方式时，身体上部分微微一躬，同时点头，身子不要过于弯曲。

图 2-24　30° 鞠躬礼

4. 鞠躬礼仪

鞠躬是问候的一种形式，可以充分表达对来者的敬意，一般是下级对上级、服务人员对宾客、初次见面的朋友之间、欢送宾客及举行各种仪式时使用。

行鞠躬礼时需要面对乘客，并拢双脚，视线由对方脸上落至自己的脚前 1.5m 处（15° 鞠躬礼）或脚前 1m 处（30° 鞠躬礼）。男性双手放在身体两侧，女性双手合起放在身体前面。

鞠躬时必须伸直腰、脚跟靠拢、双脚尖处微微分开，弯腰速度适中。

常用的鞠躬礼仪包括 15° 鞠躬礼、30° 鞠躬礼（图 2-24）、45° 鞠躬礼。

🍎 **练一练**

两人一组，互相练习鞠躬。先以标准站姿站立，开始鞠躬时，视线由对方脸上落到脚前。熟练后，可模拟以下场景。

场景 1：两人相对站立，相距 3m 以上，开始相向而行，交错时一人停下，面向另一人鞠躬 15°；

场景 2：一人向另一人告别，鞠躬 30°，并且配以相应语言；

场景 3：一人向另一人感谢，鞠躬 45°，并且配以相应语言。

小贴士

在日本，第一次见面时行"问候礼"是 30°，分别离开时行"告别礼"是 45°。韩国人的鞠躬礼一般是 60°，且鞠躬时眼睛不能直视对方。在中国、新加坡、印度尼西亚和马来西亚，人们多用浅浅的鞠躬。

5. 握手礼仪

握手是中国人常使用的见面礼和告别礼，它包含感谢、慰问、祝贺和相互鼓励的意思。如图 2-25 所示，行握手礼时，通常距离受礼者约一步，两足立正，上身微向前倾，伸出右手，四指并齐，拇指张开与对方相握，微微抖动 3~4 次（时间以 3 秒为宜），然后松开手，恢复正常姿态。

握手礼仪常见的注意事项包括以下几点：

（1）男女之间，男方要等女方伸出手后才可握手，如女方不伸手，没有握手的意愿，男方可点头致意或鞠躬致意；如果男性是女性父辈的年龄，男性先伸手是适宜的。

（2）宾主之间，主人应先向客人伸手，以示热情、亲切。如接待来宾，不论男女，女主人都要主动伸手表示欢迎，男主人也可以先伸手对女宾表示欢迎。离别时，应由客人先伸手，表示再见，主人此时若先伸手就等于催客人离开，不礼貌。

图 2-25　握手示意图

（3）当年龄与性别冲突时，一般仍以女性先伸手为主，同性别时年老的人先伸手，年轻的人应立即回握。

（4）有身份差别时，身份高的人先伸手，身份低的人应立即回握。

（5）长幼之间，年幼的要等年长者先伸出手；上级和下级之间，下级要等上级先伸出手；平辈相见先伸手者有礼、主动。

（6）握手的力度。握手要紧，表示诚意和感激之情，但不要握痛对方的手，也不可抓住对方的手不放或使劲地摇动。

（7）速度与时间。伸手的快慢，说明自愿或勉强，握手的时间一般为 3~5 秒。对长者握手时要稍弯腰，对一般人握手时不必弯腰，但也不要腰板笔挺，昂首挺胸，给人造成无礼、傲慢的印象。

（8）面部表情。握手时面部要露出真挚的笑容，以友善的眼光看着对方，千万不能一面握手，一面斜视他处，东张西望或和他人说话。

（9）其他注意事项。如果正在工作时，对方主动伸出手，这时可以一面点头致意，一面摊开双手，表示歉意，取得对方谅解。如果正在工作的人，一时疏忽，伸出脏手与你相握，这时你要热情相握，而且切不可当着对方的面擦自己的手。

小贴士

握手五忌：一忌男士戴着帽子和手套；二忌长久握住异性手不放；三忌用左手同他人握手；四忌交叉握手；五忌握手时目光左顾右盼。

练一练

第一步，两人一组，练习基本握手要领。主要练习：握手时站立姿势、握手的两个人之间的站立距离、握手时的眼神、握手的时间和力度等。

第二步，在掌握正确握手姿态后，练习握手的时间。学生 3~4 人分为一组，自己设计场景，如上级与下级、宾客与主人、地位相等者等。

二、电话礼仪

电话是现代人最常用的通信工具之一，电话交往虽然"只闻其声，不见其人"，但却能给对方留下完整、深刻的印象。在日常工作中，客运服务人员必须掌握正确、礼貌的接打电话方法。相关资源见二维码 11。

二维码 11

1. 准备工作

在打电话前，将要说的事情简单整理，并且准备好纸和笔，便于随时记录有用信息。打电话应选择恰当的时间、地点和场合。一般来说，早上 8 点之前或晚上 10 点之后均不适宜打工作电话，否则会妨碍对方休息。此外要考虑打电话的地点是否安静、打电话时对方是否方便等，嘈杂的环境和不分场合的电话注定不会有好的效果。

2. 接听电话

尽量在电话铃响三声之内，带着微笑迅速接起电话说出"您好"，让对方在电话中也能感受到热情。接电话后应主动报上姓名或单位，吐字清晰。如果是打出电话，应注意控制通话时间，言简意赅地把事情说清楚；如果是接听乘客电话且对方谈话内容很长时，必须给予回应，如使用"是的、好的"等来表示在认真听。

3. 结束通话

要结束电话交谈时，要感谢对方的来电或接听，用积极的态度感谢对方。一般应当由打电话的一方提出结束，然后彼此客气地道别，说一声"再见"，再挂电话，不可只管自己讲完就挂断电话。

知识链接

电话常用礼貌用语

（1）您好！这里是×××公司×××部（室），请问您找哪位？

（2）我就是，请问您是哪一位？……请讲。

（3）请问您有什么事？（有什么能帮您？）

（4）您放心，我们会尽力办好这件事。

（5）不用谢，这是我们应该做的。

（6）×××同志不在，我可以替您转告吗？

（7）对不起，这类业务请您向×××部（室）咨询，他们的号码是……

（8）您打错号码了，我是×××公司×××部（室）……没关系。

（9）再见！

（10）对不起，这个问题……请留下您的联系电话，我们会尽快给您答复好吗？

三、交谈礼仪

交谈是建立良好人际关系的重要途径，也是日常接待的主体。交谈礼仪的关键，在于尊重对方和自我谦让，还要注意交谈的表情、态度、内容、表达方式等。相关资源见二维码 12。

1. 谈话的表情

与乘客交谈时，表情要大方、自然，态度诚恳，面带微笑，语气亲切。切忌边埋头工作边与乘客交谈。

二维码 12

2. 文明规范的服务语言

（1）敬语

敬语是表示对听话人尊敬礼貌时使用的语言。敬语一般运用在以下一些场合：比较正规的社交场合；与师长或身份、地位较高的人的交谈；与人初次打交道或会见不太熟悉的人；会议、谈判等公务场合等。常用的敬语有："请""您""劳驾""贵方""贵公司""谢谢""再见"。

知识链接

敬语的使用

敬语，特别是常用敬语，主要在以下几个场景使用：

（1）相见道好。人们彼此相见时，开口问候："您好""早上好"。在这里一个词至少向对方传达了三个意思，表示尊重，显示亲切，给予友情。同时也显示了自己三个特点，有教养、有风度、有礼貌。

（2）偏劳道谢。在对方给予帮助、支持、关照、尊重、夸奖之后，最简洁、及时而有效的回应就是由衷地说一声"谢谢"。

（3）托事道请。有求于他人时，言语中冠以"请"字，会赢得对方理解、支持。

（4）失礼致歉。现代社会，人际接触日益频繁，无论你多么谨慎，也难免有失礼于你的亲友、邻里、同事或其他人的时候。但倘若你在这类事情发生之后能及时真诚地说一声"对不起""打扰您了"，就会使对方趋怒的情绪得到缓解。

生活中还有许多敬语可展现客运服务人员的素质和修养。如，拜托语言："请多关照""承蒙关照""拜托"等；慰问语言："辛苦了""您受累了"等；赞赏语言："太好了"；同情语言："真难为你了""您太辛苦了"等；挂念语言："您现在还好吗？生活愉快吗？"这些都可以归为敬语范围。

（2）委婉语与致歉语

委婉语是用来在服务工作中表达不宜直言的人或事物的言语，常常在一些正规的场合以及一些有长辈和女性在场的情况下，被用来替代那些比较随便甚至粗俗的话语。例如想要上厕所时，宜说："对不起，我去一下洗手间。"让对方等候时，要说："请稍等。"

致歉语是在服务过程中麻烦、打扰、妨碍了别人时，及时向对方表示道歉的语言。常用的致歉语有："对不起""非常抱歉""请原谅""不好意思"等表示歉意的语言。注意在工作中要规范使用、及时道歉、得体大方、言行统一。

3. 应答礼仪

应答礼仪是服务人员在工作中回答客人询问或回应对方召唤时所表现出的礼仪行为。使用应答礼仪时应该注意以下几种情形：

（1）应答客人询问时，要思想集中、全神贯注地聆听；不能目视别处，或心不在焉，或说话有气无力。

（2）应答客人提问或征询有关事项时，语言应简洁、准确，语气婉转、声音大小适中；不能随心所欲地谈天说地，或声音过大，或词不达意。

（3）如果客人讲话含糊不清或语速过快时，可以委婉地请客人复述，不能听之任之，凭主观臆想，随意回答。

（4）回答多位乘客询问时，应从容不迫，按先后次序、轻重缓急，一一作答，不能只顾一位乘客，而冷落了其他客人。

（5）对于乘客提出的无理要求，须沉得住气，或婉言拒绝，或委婉地回答："可能不会吧！""很抱歉，我确实无法满足您的这种要求，我帮您找其他人为您解答。"

小贴士

常见的应答用语有："好的""没问题""我知道了""我明白了""您说得对""对,是这样"等。

四、引导礼仪

引导礼仪主要从引导方法和引导手势两方面进行介绍。相关资源见二维码 13。

二维码 13

1. 引导方法

(1)走廊引导法。接待人员在客人两三步之前,走在客人的左侧。

(2)楼梯引导法。引导客人上楼时,应让客人走在前面;若是下楼,则是接待工作人员走在前面,客人在后面,上下楼梯时应注意客人的安全。

(3)电梯引导法。引导客人进入电梯时,接待工作人员先进入电梯,等客人进入后关闭电梯门,到达时按开按钮,打开电梯门,让客人先走出电梯。

2. 引导手势

引导手势的运用要规范。在引路、指示方向时,五指并拢,小臂带动大臂,小臂与地面保持水平(图 2-26)。根据指示距离的远近调整手臂的高度,身体随着手的方向自然转动,收回时手臂应略成弧线再收回。在做手势的同时,要配合眼神、表情和其他姿态,才能显得大方。注意切忌用单个食指指示方位。

图 2-26　引导手势

五、沟通礼仪实训与指导

1. 练习方法

(1)设计情景(如在寝室中),运用文明用语进行分组表演。

(2)收集轨道交通行业不同岗位的礼貌用语,结合正确的仪态、微笑、眼神和手势来表达语言,增强语言的表现力。组织分角色表演(可以扮演乘客服务中心工作人员、值班站长、乘客等)。

2. 实训考核

(1)分组展示轨工作中的服务礼仪。

(2)自行设计对白及场景,内容包括:介绍、握手、递名片、步态、坐姿、站姿、服饰打扮、语言、岗位接待礼仪等内容。

（3）出场后先由同学介绍剧情、人物。

3. 沟通礼仪考核评分表

沟通礼仪考核评分表见表2-9。

沟通礼仪实训考核评分表　　　　　　　　表2-9

内容	服饰	站姿	坐姿	行姿	手势	表情	语言	介绍	握手	接递物品	奉茶倒水	内容编排	总体印象	总分
小组	10	5	5	5	5	5	10	10	10	10	10	5	10	100
1														
2														
3														
4														
5														
6														
7														
8														

复习与思考

一、填空题

1. 在引导客人上楼梯时，我们通常走在客人的 _____；在下楼梯时，我们通常走在客人的 _____。

2. 在西装穿着规范中，"三一"原则是指 _____、_____ 和公文包必须为同一种色系。

3. 在交谈过程中，眼神接触的方向可以分为视线接触三区，其中 _____ 多用于上级对下级的场合；_____ 多用于表示平等；_____ 为私密区。

4. 一般来说，在中国见面时主要行握手礼；在东南亚国家如泰国主要行合十礼；在韩国和日本主要行 _____；在大多数西方国家主要行亲吻礼。

5. 在正式场合，为了表示对对方的尊重，我们一般称呼对方的 _____、_____ 和职业称谓。

二、单项选择题

1. 在正式场合下，男士西服如果是两粒扣子，那么扣子的系法应为（　　）。

A. 两粒都系　　　　　　　　　　B. 系上面第一粒

C. 系下面一粒　　　　　　　　　D. 全部敞开

2. 服务人员为服务对象引导带路时一般应行进在服务对象的哪个方向合适？（   ）。

    A. 正前方   B. 左前方

    C. 右前方   D. 后方

3. 你作为乘客打电话投诉地铁车站的工作人员，值班站长接的电话，请问完成通话后，谁先挂电话？（   ）。

    A. 无所谓先后顺序   B. 自己先挂

    C. 值班站长先挂   D. 以上都不对

4. 会谈服务中，如有合影，合影位置应按礼宾顺序（   ）排列。

    A. 以主人右边为上宾位置，主客双方分开

    B. 客方在中间，主方人员在两边

    C. 以主人右边为上宾位置，主客双方间隔

    D. 以照相机脚架的中线，主客双方分开

5. 正确入座的方法是（   ）。

    A. 从椅子的左侧就座   B. 从椅子的右侧就座

    C. 拉开椅子就座   D. 随便就座

6. 从事服务行业的女性不能留披肩发，其头发最长不应长于（   ），否则则应将头发束起盘于脑后。

    A. 耳部   B. 颈部   C. 腰部   D. 肩部

7. 电话铃响后，最多不超过（   ）就应该接听。

    A. 四声   B. 三声   C. 五声   D. 两声

8. 服务人员与乘客交谈的距离一般保持（   ）。

    A. 2m 以上   B. 1~2m

    C. 0.5~1m   D. 0.5m 以内

三、简答题

1. 简述 TPO 的基本原则。

2. 简述客运服务过程中常见的几种站姿以及其适用的场合。

3. 简述微笑的种类及适用场合。

4. 简述致意的种类及适用场合。

单元 3　城市轨道交通站务服务礼仪

教学目标

1. 掌握一卡通（储值票）充值服务、售票服务、补票服务及处理坏票服务的流程和细节，能处理乘客常见票务问题；
2. 掌握安检服务的流程和细节，减少乘客纠纷的产生；
3. 掌握自助售票服务和监票服务的流程和细节，能引导乘客安全快速地进出站；
4. 掌握乘客候车服务和车站广播服务的流程和细节，保证乘客在站台的安全；
5. 能利用车站客运服务的一般技巧更好地为乘客服务。

建议学时

16 学时

城市轨道交通车站是面向社会的一个窗口，干净整洁、美观大方的车站站容站貌和热情周到、礼仪规范的车站服务是城市轨道交通服务水平的重要体现。

车站客运服务人员每天面对着成千上万的乘客，一举一动、一言一行都体现着城市轨道交通的形象。除了车站环境干净整洁、列车安全正点运营外，客运服务人员的言行举止是构成城市轨道交通一流服务质量的关键要素。因此，车站客运服务人员应从仪容仪表、着装、行为举止、服务用语等方面严格要求自己，提高城市轨道交通的服务水平。

单元 3.1　城市轨道交通车站服务人员的基本要求

1. 仪容仪表要求

为了树立良好的服务形象，城市轨道交通客运服务人员需要严格要求自己的仪容仪表，相关资源见二维码 14、二维码 15，具体要求见表 3-1。

二维码 14

二维码 15

仪容仪表要求　　　　　　　　　　　　　　　　　表3-1

分 类	基本要求	常见错误
发型	1. 整齐利落、清洁清爽； 2. 发长过肩的女性必须将头发束起，最好佩戴有发网的头饰，将头发挽于发网内，头花端正； 3. 男性要剪短发，具体要求为"前发不附眉，侧发不掩耳，后发不及领"； 4. 戴帽子时，应将刘海放入帽子内侧，帽徽应朝正前方，不得歪戴 	1. 头发凌乱，染发过度明显、夸张； 2. 留怪异发型； 3. 女员工长发遮挡脸部； 4. 男员工留长发、鬓角遮挡耳部
面容	1. 女性上岗应着淡妆，保持清洁的仪容，避免使用味道浓烈的化妆品； 2. 男性应保持脸面洁净，不可留胡须； 3. 适时保持亲切的笑容	1. 化浓妆或怪异妆； 2. 工作时化妆； 3. 使用味道浓烈的化妆品； 4. 男员工留胡须
口腔	1. 保持牙齿、口腔清洁； 2. 定期除掉牙齿上的尼古丁痕迹； 3. 去除吸烟过多而引起的口腔异味	工作前食用葱、蒜、韭菜等带有刺激性气味的食物
指甲	1. 时刻保持指甲干净整齐，经常修剪； 2. 只可涂肉色和透明色指甲油	1. 指甲过长； 2. 使用指甲装饰品
佩饰	1. 可以佩戴的配饰有：风格简约的手表、婚戒（戒指不可过宽）、一对耳钉（女士）； 2. 佩戴纯色镜架和无色镜片眼镜； 3. 饰品应自然大方，不可过度明显夸张	1. 佩戴过分夸张和闪耀的饰物； 2. 男员工佩戴耳部饰物

知识链接

五分钟化妆法（淡妆）

对于很多人来说，早晨的时间是最宝贵的，五分钟化妆法可以让人们在最短时间内化好妆，充满自信地迎接新的一天。

第一分钟清洁润肤：用性质温和的洗面奶洗完脸后，在皮肤尚湿的时候涂上润肤露。

第二分钟涂抹遮瑕膏和粉底液：遮瑕膏主要遮盖黑眼圈和脸上的瑕疵，一般乳液式的遮瑕膏使用起来相对节省时间。用海绵蘸上遮瑕膏从内眼角推向外眼角，也可涂在最宜红的嘴角和鼻翼两侧，然后再全面涂上粉底。

第三分钟涂抹干粉或散粉：涂抹散粉后整个妆容会明显变得突出，如果想节省时间可以不涂抹粉底，直接使用湿粉扑在面上涂抹干粉，也有涂上粉底的效果。

第四分钟画眼线：选择眼线液和眼线笔，从睫毛根部水平向外擦出，下眼帘一笔快速擦出。若想使眼睛看起来更明亮，可以涂抹一点眼影在眼角上。

第五分钟涂口红：最好选择颜色较浅的唇彩。

2. 着装要求

城市轨道交通客运服务人员的服饰应整洁大方，并与城市轨道交通的工作性质相协调，具体着装要求见表3-2。

着装要求   表 3-2

分 类	基本要求	常见错误
制服	1. 干净无褶皱； 2. 领口、袖口要保持整洁干净，衬衫放在裤子里侧； 3. 裤袋限放工作证等扁平物品或体积微小的操作工具，避免服装变形； 4. 季节更替时，应按规定更换制服，不得擅自替换	1. 制服上有异味或污渍； 2. 在套装和衬衫的胸袋内放入钱包、硬币等物品； 3. 缺扣、立领、挽袖、挽裤
鞋袜	1. 穿着制服时应按规定穿黑色或深色的皮鞋，鞋面保持干净，黑色皮鞋配深色袜子； 2. 女员工着裙装时，长袜颜色应选择与肌肤相贴近的自然色或暗色系中的浅色丝袜； 3. 皮鞋应定期清洁，保持干净光亮	1. 穿重度磨损的鞋及露脚趾脚跟的鞋； 2. 穿图案过多的袜子
工牌	1. 挂绳式工号牌照片和字面应朝向乘客，工号牌绳放在制服外侧； 2. 非挂绳式工号牌应佩戴在制服左上侧兜口的正上方位置，工号牌左下角应抵住西服兜口边缘，并与地面保持水平； 3. 佩戴党（团）徽时，应将党（团）徽佩戴于工号牌中上方 	1. 胸牌上有装饰物； 2. 胸牌有损坏； 3. 胸牌上的名字模糊、褪色

知识链接

各个城市的地铁制服

（1）北京京港地铁最"空乘"（图3-1）。北京地铁4号线的制服倾向于空乘的着装，男装、女装都是藏青色的制服，女士戴着藏青色的礼帽，男士扎着很显眼的黄、黑色相间领带。

（2）成都地铁制服里蕴含着市花（图3-2）。成都地铁不同岗位的制服在色彩选择上，均以蓝色为主旋律，以金沙太阳神鸟的金色作为点缀色。女装马甲的偏襟圆弧花瓣造型，蕴含着成都市花"芙蓉花"的含义。

（3）上海地铁制服浪漫不凡（图3-3）。上海地铁制服继承了上海轨道交通标志的红色调。红色象征着生命、活力、热情。春秋装以绛红色外套与深灰色调搭配；冬装辅以黑色调；夏装则以粉红色衬衫与中灰色调搭配，符合上海浪漫时尚的气息。

（4）南京地铁制服颜色与线路主体颜色相同（图3-4）。南京地铁制服的女装为天蓝色，男装为藏青色，分为春秋装、夏装和冬装。因为南京地铁1号线的主体颜色是天蓝色的，所以制服也是蓝色的，整体都是配套的。

图 3-1　北京京港地铁制服

图 3-2　成都地铁制服

图 3-3　上海地铁制服

图 3-4　南京地铁制服

3. 行为举止要求

客运服务人员的行为举止体现了员工个人的文化素养和工作状态，用符合自身角色的标准仪态，更能为乘客接受，具体要求见表3-3。

行为举止要求 表3-3

分类	基本要求	常见错误
站姿	1.上身挺胸收腹，头正目平，双肩平齐，双手自然下垂或体前轻握，下身应保持双腿直立，脚跟并拢； 2.女士站立时，双脚成"V"字形或"丁"字形，双手相握叠放于腹前或双手下垂放于裤缝边； 3.男士站立时，两脚分开与肩同宽，双手下垂放于裤缝边或叠放于腹前或放在背后	1.叉腰、抱膀、抖腿或把手插在衣袋内； 2.站立时依靠在墙或其他物体上
坐姿	1.正面对准窗口，目光正视乘客，身体挺直，两腿自然弯曲； 2.男士双腿可以稍微分开； 3.女士双腿必须靠近并拢	1.趴着、打瞌睡； 2.用手托腮，侧身斜靠桌子； 3.前俯后仰，把腿放在椅子上
行姿	1.上身正直，挺胸收腹，两肩自然放松，双臂自然摆动； 2.与乘客相遇时，应主动点头示意并侧身避让	1.大摇大摆、勾肩搭背； 2.嬉戏打闹，左顾右盼
手势	1.为乘客指引时，手掌稍微倾斜，掌心向上，五指并拢，前臂自然上抬，用手掌指路； 2.指示方向时，应目视目标方向	1.五指分开； 2.用手指指点乘客
目光	1.与乘客交谈或传递物品时，应坦然亲切，双眼正视乘客； 2.与乘客视线接触时，应点头微笑表示尊敬	1.俯视乘客； 2.目光注视乘客时，总是盯着一个部位

4.服务用语要求

语言是为乘客服务的第一工具，城市轨道交通客运服务人员与乘客的交流主要是借助语言进行的，它对做好服务工作有十分突出的作用，相关资源见二维码16，具体要求见表3-4。

二维码16

服务用语要求 表3-4

分类	基本要求	常见错误
问候用语	1.主动向乘客问好，常用的问候语有"您好""早上好""下午好""晚上好"； 2.面带微笑，注视乘客	1.一言不发； 2.使用"喂""嘿"等不礼貌的语言
应答用语	1.当乘客询问时，应双眼注视乘客，面带微笑："您好，请讲！" 2.向乘客致歉时应说："实在对不起！这是我工作上的失误！""给您添了许多麻烦，实在抱歉，请多多原谅！"等； 3.受到乘客表扬时："这是我们应该做的，请多提宝贵意见。" 4.当未听清楚顾客的问话时说："很对不起，我没听清楚，请重复一遍好吗？"	1.在回答乘客问题时，边走边回答； 2.冷言冷语，漠不关心
接听电话用语	1.接听电话时要主动报出站名、岗位及自己的姓名："××（车站），××（岗位），××（姓名），您好！" 2.询问对方时应使用敬语："您好，请问您是哪里？" 3.在电话转接或中途需要暂时中断时应说"对不起，请您稍等。" 4.当对方找的人不在时，应礼貌地询问对方的姓名，是否有事转告，并认真做好记录	1.语气生硬，漫不经心； 2.问一句，答一句
广播用语	1.必须使用普通话，语速中等，语调平缓，音量适中，不可使乘客受到惊吓； 2.吐字清晰，内容简洁明了	1.声音刺耳； 2.漏播、错播

乘客服务的常见用语见表 3-5。

乘客服务的常见用语 表 3-5

正 确 做 法	不 正 确 做 法
您好！	一言不发
好啊！没问题	好吧
不好意思，麻烦您重复一遍	什么呀
麻烦您，请您	您应该
对不起，我会立即处理	不是我的问题，您找其他人看看
麻烦您等一下，我会尽快为您办理	我现在真的很忙
我帮您看看	您可以去看指示牌
再见	拜拜

单元 3.2 乘客服务中心服务

乘客服务中心（图 3-5）担负整个车站的部分票务工作，是车站最繁忙的场所之一，其服务水平的高低直接影响整个车站的服务质量。

图 3-5 乘客服务中心

一、乘客服务中心服务的基本职责

（1）执行相关规章制度，做到有令必行，有禁必止。

（2）承担车站的部分票务工作和一卡通充值服务，保证票款的正确和安全，并在规定的时间开关售票窗口。

（3）帮助乘客换取福利票、兑换零钱，负责处理票务问询的相关工作，热情接待乘客，按规定妥善解决乘客提出的问题。

（4）对无法进出站的乘客进行票卡分析，并按规定处理乘客的无效票和过期票。

二、乘客服务中心服务的基本要求

（1）必须佩戴工号牌，做到仪表整洁、仪容端庄。

（2）工作时，应精神饱满、思想集中，不与同事闲聊。

（3）售票时，应做到准确无误；对乘客表达不清楚的地方，要仔细询问清楚，以免出错。在任何情况下，车票、收据与找赎应同时交给乘客，并提醒乘客当面点清找赎钱款。

（4）仔细聆听顾客的询问，耐心听取乘客的意见；在乘客说话时，保持眼神接触，并且点头表示明白或给予适当回应。

（5）业务熟练，工作有序、高效。

（6）对于来到客服中心的乘客，应主动问好，耐心并有礼貌地向他们收集信息，了解乘客的需要，解决乘客遇到的问题，如未听清乘客的需要，必须有礼貌地说："对不起，麻烦您再讲一遍。"

三、单程票发售服务

1. 单程票发售的基本流程

在乘客购买单程票卡时，售票员应该严格执行"一迎、二收、三唱、四操作、五找零、六告别"的程序，相关资源见二维码17，具体流程见表3-6。

二维码 17

单程票发售的基本流程   表3-6

程　序	内　容
一迎	1. 面带微笑迎接乘客："您好，请问您去哪儿，需要几张票？""共 ×××元。" 2. 不能面无表情，无精打采

续上表

程　序	内　容
二收 	1. 面带微笑向乘客说："收您 ××× 元。" 2. 接过票款后，进行验钞。 3. 不能一言不发
三唱 	1. 重复乘客要求的购票张数； 2. 重复票款金额： 　"到 ××× 车站单程票 ××× 张，共 ××× 元。"
四操作 	在半自动售票机（BOM）上选择相应功能键，处理车票
五找零 	1. 清楚说出找赎金额和车票张数； 2. 将车票和找赎的零钱一起礼貌地交给乘客； 3. 提醒乘客当面点清

续上表

程　序	内　容
六告别	"请您慢走。"

练一练

模拟售票现场，进行单程票发售作业（乘客若干、票务员一名）。

场景一：车站出现大客流情况，买票乘客排队较长，很多乘客开始发牢骚……

场景二：某乘客嫌售票速度慢，拼命拍打售票窗口……

想一想

如果你是票务员，售票窗口前排着长队，有乘客过来问路，你将如何处理？

2. 单程票发售服务常见问题处理

（1）乘客给付的纸币出现残缺时

当乘客给付的纸币出现残缺时，应按照以下规定处理：

①不接受缺损 1/4 以上的纸币。

②不接受辨认不清面值的纸币。

③除上述两种情况外，所有人民币都应该按规定收取（再小的零钱也要收取，不论数量多少）。

④如乘客给付的残钞按规定不能收取时，站务人员应在拒绝收取的同时，礼貌地向乘客解释原因："对不起，您给我的纸币 ×××××，麻烦您换一张，谢谢合作。"

（2）乘客给付的是假钞时

当发现乘客给付的是假钞时，应尽量避免让乘客感到难堪。

①不告诉乘客是假钞，只要求乘客更换："不好意思，请您换一张纸币。"

②如果提醒无效，应向乘客解释原因："不好意思，您给我的纸币不能被设备识别，麻烦您换一张，谢谢合作。"

③如果乘客拒绝更换纸币以致干扰到正常服务时，可以报告值班站长或请求公安部门协助。

④如遇到数量较多的假币，应立即报告值班站长或请求公安部门出面处理。

（3）找不开零钱时

当遇到找不开零钱时，不要直接建议乘客去另外的入口处买票或充值。

①应礼貌地询问："对不起，请问您有零钱吗?"

②如果乘客没有零钱，应向乘客表示抱歉："对不起，这里的零钱刚找完，请您稍等，我们马上备好零钱或麻烦您到对面的乘客服务中心兑换。"

（4）乘客在乘客服务中心窗口前排起长队时

当发现乘客在乘客服务中心窗口前排起长队时，一定要对乘客进行适当的安抚。

①对等待已久的乘客或感觉不耐烦的乘客要说："对不起，请您稍等，我们会尽快办理。"

②如果需要较多的时间接待某位乘客，可以向其他同事请求帮助。

③假如排队的乘客中有投诉时，应先说："不好意思，让您久等了，我会尽快帮您处理。"

（5）发现有乘客插队时

当发现有乘客插队时，应用礼貌但又坚定的语气告诉他："麻烦您先排队，我们会尽快为您服务的。"

知识链接（图3-6）

北京地铁的票务政策

第一条：成年人带领一名身高不满1.2m儿童乘车时，儿童免票。按照"儿童在前，成年人在后"刷卡通过闸机，一名成年人只能携带一名免票儿童。

第二条：在车站A购买的单程票不能在车站B使用，票卡必须是当日当站使用，单程票卡原则上不接受退票服务。

第三条：因单程票卡不能识别无法正常出站时，乘客应当持单程票卡到补票处免费换取出站票。

第四条：因使用或保管不当造成单程票卡明显损坏，乘客应当支付单程票卡成本费后领取出站票。

图3-6 闸机

第五条：凡翻越闸门、围栏等违规进、出车站付费区者，按本市有关规定补足十倍乘车费用后，领取出站票出站。

（6）当乘客告诉你售票机发生故障时

①应该说："多谢您的通知，我们会尽快办理。"

②必须立即处理或通知相关人员处理，使乘客觉得事件受到关注。

（7）当遇到情绪反应较大的乘客或难以处理的个案时

①将乘客带往办公区休息室等地方。

②在处理过程中应有不少于两个人在现场。

③倾听乘客的需求。

④不要一味地否定乘客的表述，即便是乘客的表述存在问题。

⑤如果在处理过程中发现无法独自处理此事，需及时联系上级主管，取得帮助，应明确告知乘客，表示对此事的重视。

想一想

在处理票务事务的过程中，当乘客恶语相向或用带有侮辱性的语言时，我们应该如何处理？

练一练

模拟现场，分组实施（乘客组、工作人员组、检查人员组），利用所学知识帮助处理下列问题：

场景1：一乘客购票时使用一张假钞并拒绝更换。

场景2：乘客认为票务员在售票过程中少找钱了，要求票务员返回少找的钱款。

案例分析 3-1

购买多张单程票的情形

在你作为票务员值班过程中，有一个乘客过来要求买20张单程票，你会直接卖给他吗？如何灵活处理呢？

案例分析 3-2

未赶上末班车的情形

某日，临近运营结束时，一名乘客从换乘站进站购票，买完票后，乘客发现已经没有办法赶上换乘线路的末班车去目的车站，引发乘客的不满。

（1）分析乘客不满意的原因。

（2）票务员应该如何做才可以避免此类事情再次发生？

四、一卡通（储值卡）发卡、充值服务

1. 一卡通发卡、充值服务的基本流程

在进行一卡通发卡和充值时，应严格遵守"一迎、二收、三确认、四操作、五找零、六告别"的程序，相关资源见二维码 18，具体流程见表 3-7。

二维码 18

一卡通（储值卡）发卡、充值服务的基本流程　　　　　　　　　表 3-7

程　序	内　容
一迎	1. 面带微笑，主动向乘客道"您好"； 2. 问清乘客欲购一卡通金额或充值金额
二收	1. 收取乘客的票款："您好，收您×××元。" 2. 接过票款后，进行验钞，并将收取的票款放在售票台面上； 3. 严禁拒收旧钞、零币、分币
三确认	1. 对于购买一卡通卡的乘客，提醒乘客根据显示屏确认票卡内金额； 2. 对于充值的乘客，则需要重复乘客充值的金额和票卡当前余额，并提示乘客根据显示屏确认充值后的金额： 　"您卡上余额是××元，充值××元，充值后金额为××元，请核对信息。"
四操作	按照设备使用规定，操作 BOM 机准确发售票卡或充值
五找零	1. 清楚说出找赎金额； 2. 将找零、一卡通、收据和发票一起礼貌地交给乘客； 3. 提醒乘客当面点清； 4. 找零做到有新不给旧，有整不给零
六告别	向乘客说："请您慢走。"待乘客离开窗口后，将台面上的票款收入放进抽屉内

小贴士

负责售票的工作人员不得携带私款上岗，不允许代人存放物品。

2. 一卡通服务常见问题处理

（1）当乘客需要的某些一卡通（图 3-7）服务在车站无法办理时。

①首先给乘客适当的安抚，向乘客表示抱歉："对不起，目前车站无法办理此项业务。"

②向乘客解释车站没有办理此项业务的权限。

③如果乘客办理退卡，告知乘客可以到指定的网点办理退卡，并告诉乘客离本车站最近的网点位置。

（2）当乘客的一卡通有明显损坏或遗失时，一般情况下视作无票乘车。具体处理方式参照当地"城市轨道交通车票使用规则"。

①向乘客说："请您别着急，我帮您查一下。"

图 3-7 北京市政交通一卡通

双手接过乘客的票卡，查询乘客一卡通卡的基本信息，首先判断无法进站的原因。

②如果一卡通卡余额不足，则礼貌地提醒乘客充值或购买单程票卡进站："您好，您的票卡余额不足，请您充值后使用，谢谢合作。"

③如果乘客已有本次进站记录，可以告知乘客一张卡只能一人使用，避免出现一卡多人进站的问题。

④如果一卡通卡无上次出站记录，则需要补写出站信息，同时告知乘客会扣除上次乘车的费用，并提醒乘客出站时也需要刷卡。

⑤如果一卡通卡消磁，则礼貌地提醒乘客购买单程票卡进站，并建议乘客可以到指定网点办理换卡的手续。

想一想

一卡通卡无法刷卡出站时，我们应该如何处理呢？

五、福利票发售服务

发售福利票的基本流程如下。相关资源见二维码19。

二维码 19

（1）主动问候乘客："您好，请出示您的证件。"

（2）向乘客说："请您稍等。"双手接过乘客的相关证件，核对乘客所持有的免费证件是否有效。

（3）如实填写"福利票换领记录"，并要求乘客签字确认。

（4）向乘客说："请您收好，慢走。"将福利票双手递给乘客。

小贴士

如遇到持有"残疾证"（视力残疾）的盲人乘客，在向其发放福利票的同时，也需要向其一名陪同人员发放一张福利票。

知识链接

换取福利票的相关规定（北京）

根据北京市政府相关规定，以下人员可持证换领福利票：

（1）离休干部持"离休证"；

（2）残疾军人持"残疾军人证"，伤残人民警察持"伤残人民警察证"；

（3）现役士兵（含武警士兵）持"士兵证"；

（4）盲人持"残疾证"；

（5）其他可换领福利票的人员及所持证件，以票务规定为准。

某日，一名男性乘客拿着伤残军人证换福利票，票务员辨认该证件为伪造证件，于是直接大声指出该证件是伪造的，不同意为其兑换。乘客觉得没有面子，开口就骂脏话，并且和该票务员发生了争吵，影响了对其他乘客的售票服务。1分钟以后，该票务员请求值班站长协助处理，乘客边骂边离开了车站。

思考：

（1）在上述案例中，票务员有哪些地方做得不合适？

（2）乘客和票务员争吵的主要原因是什么？如何避免该乘客再次利用伪造证件？

（3）如果你是票务员，你会如何处理？

六、处理坏票及其他票务服务

1. 当乘客的单程票卡不能正常进站时

（1）首先，要安抚乘客，表示道歉："非常抱歉，我们马上为您处理。"

（2）查看票卡外观，如票卡损坏，则需要礼貌地告诉乘客："对不起，您的票卡已经损坏，按照规定您需要重新购买车票进站。"

（3）如果票卡外观没有问题，则需要在半自动售票机上查询票卡信息。

①单程票票卡不是当日车票或不是当站车票时，要礼貌告知乘客："对不起，您的单程票车票不是本站（本日）的车票，按照规定需要重新购买车票。"如果单程票票卡非本站车票也可建议其去购票站乘车，向乘客耐心解释单程票票卡使用制度。

②票卡已经有进站记录时，向乘客确认是不是一卡多人使用，如果不是可以刷车站工作票让乘客进站或者对票卡进行进站更新。

③票卡信息无法读取或者错误时，向乘客表示道歉，并立即更换新卡，回收旧卡。

2. 乘客的单程票卡无法出站时

（1）首先，要安抚乘客，表示道歉："非常抱歉，我们马上为您处理。"

（2）查看票卡外观，如果票卡损坏，一般视作无票乘车，具体处理方式参照当地"城市轨道交通车票使用规则"。

（3）如票卡外观没有问题，则需要在半自动售票机上查询票卡信息。

①票卡超时时，礼貌向乘客解释："对不起，您的车票已经超时，您需要按规定补票出站。"如乘客有疑问，可耐心解释车票使用制度。

②票卡超程时，礼貌向乘客解释："对不起，您的车票已经超出使用里程，您需要补交××元。"

③票卡没有进站记录时，直接补进站记录即可。

④票卡信息无法读取或者错误时，向乘客表示道歉，换一张出站票出站。

3. 当乘客要求退单程票时

如果线路运营正常，按照城市轨道交通运营企业的相关规定不予退票，处理方法如下：

（1）首先，要说明车站的制度，并向乘客表示抱歉："对不起，按照规定，我们不能帮您退票。"

（2）向乘客解释单程票卡一律不给退票。

如果线路运营发生故障，具体处理方法如下：

（1）安抚乘客的急躁心理，并向乘客道歉："对不起，请稍候，我们马上帮您解决。"

（2）立即上报值班站长，经值班站长允许后按规定退票。

4. 乘客的一卡通卡无法正常进站

（1）首先，要安抚乘客，表示道歉："非常抱歉，我们马上为您处理。"

（2）查看票卡外观，如果票卡损坏，礼貌地向乘客解释："对不起，您的票卡已经损坏，您需要购买单程票卡进站。"并提醒乘客去一卡通指定网点处理卡内余额等问题。

（3）如票卡外观没有问题，则需要在半自动售票机上查询票卡信息。

①票卡余额不足时，礼貌向乘客解释："对不起，您的车票余额不足，您需要充值或者购买单程票进站。"如乘客有疑问，可耐心解释车票使用制度。

②票卡已有进站记录时，向乘客确认是不是一卡多人使用，如果不是可以刷车站工作票让乘客进站或者对票卡进行进站更新。

③票卡没有上一次乘车出站记录时，按照当地"城市轨道交通车票使用规则"补出站记录，扣取相应票款。

④票卡信息无法读取或者错误时，耐心地向乘客解释："对不起，您的车票无法读取，你需要购买单程票卡进站。"礼貌提醒乘客去一卡通指定网点办理。

5. 乘客的一卡通卡无法正常出站

（1）首先，要安抚乘客，表示道歉："非常抱歉，我们马上为您处理。"

（2）查看票卡外观，如果票卡损坏，一般视作无票乘车，具体处理方式参照当地"城市轨道交通车票使用规则"。

（3）如票卡外观没有问题，则需要在半自动售票机上查询票卡信息。

①票卡超时时，礼貌向乘客解释："对不起，您的车票已经超时，您需要按最低票价补票出站。"如乘客有疑问，可耐心解释车票使用制度。

②票卡没有进站记录时，向乘客确认行程，并按照实际行程补出站票出站。

③票卡信息无法读取或者错误时，耐心地向乘客解释："对不起，您的车票无法读取，您需要补交 ×× 元购买出站票出站。"具体补票金额参照"城市轨道交通车票使用规则"，如乘客需要办理一卡通的其他服务，可礼貌提醒乘客去一卡通指定网点办理。

小贴士

坏票处理要根据当地的"城市轨道交通车票使用规则"进行，不同城市的坏票处理方式会稍有不同。

知识链接

北京市城市轨道交通车票使用规则

第一章　总　　则

第一条　为加强本市轨道交通车票的使用管理，维护乘车秩序，根据本市有关规定，制定本规则。

第二条　本规则所指的车票是轨道交通专用的单程票、福利票和市政交通一卡通卡（以下简称"一卡通卡"）。

第三条　本市轨道交通（除机场线外）实行计程限时票制，具体票价方案为起步6km（含）内3元，6~12km（含）4元，12~22km（含）5元，22~32km（含）6元，32km以上部分，每增加1元可乘坐20km。票价不封顶。

乘客乘坐轨道交通一次行程在付费区内最多可停留4小时。

第四条　本规则适用于除机场线以外的北京市轨道交通运营线路。

第二章　车票的购买

第五条　单程票卡的购买

（一）普通单程票

乘客可以在车站自动售票机上或车站售票处购买。乘客使用自动售票机购买普通单程票时，可以使用1元硬币或5元、10元纸币，按照自动售票机提示自助操作。

（二）福利票

根据国家和本市有关法律、法规规定，符合免费乘车条件的乘客可持有效证件换取福利票后免费乘车。一名盲人可有一名陪同人员免票。未携带证件或证件因损坏难以辨认的，应照章购票。上述票证只限本人使用，不得转借、转让和涂改。

（三）退票

轨道交通线路因故中断运营时，乘客须根据车站客运组织安排有序出站，运营单位应采取相关措施减少乘客出行损失，在故障发生线路或直接受影响线路视情况办理退票。

非轨道交通运营原因，单程票售出，不予退票。

第六条　一卡通卡的购买和充值

乘客可在轨道交通车站售票处购买一卡通卡。

乘客可在轨道交通车站售票处进行充值，还可以在车站设置的自动售票（充值）

机或自动充值机自助充值。自助充值可以使用 10 元、20 元、50 元或 100 元纸币，按照自动充值机提示进行自助操作。

第七条　对于单程票卡，乘客可凭当日购买的有效车票在购票车站售票处索取购票发票。对于一卡通卡，仅提供等额充值发票，乘客可凭充值凭证在充值车站售票处索取。

第三章　车票的使用

第八条　单程票卡的使用

（一）普通单程票

仅限当日在购票站单人、单次进站乘车使用。

乘客进站时使用普通单程票轻触进站闸机读卡区，闸机发出"嘀"声，提示刷卡成功，闸门开启，乘客进站。

乘客出站时须将普通单程票插入出站闸机的投票口，闸机回收车票，闸门开启，乘客出站。

（二）福利票

仅限当日在换领站本人、单次进站使用。使用福利票的乘客应当配合工作人员的证卡核查及登记工作。

乘客进站时使用福利票轻触进站闸机读卡区，闸机发出"嘀"声，指示灯亮，提示刷卡成功，闸门开启，乘客进站。

乘客出站时须将福利票插入出站闸机的投票口，闸机回收车票，闸门开启，乘客出站。

第九条　一卡通卡的使用

使用一卡通卡时，进出站均须刷卡。仅限一人一卡进出站使用。

乘客持卡进站时，使用一卡通卡轻触进站闸机读卡区，闸机发出"嘀"声，提示刷卡成功，闸门开启，乘客进站。

乘客出站时使用一卡通卡轻触出站闸机读卡区，闸机扣款后闸门开启，乘客出站。

第十条　使用一卡通卡在轨道交通月支出累计满一定金额的乘客给予阶梯折扣优惠。

（一）每自然月内，乘客使用同一张一卡通卡乘坐轨道交通支出累计满 100 元后，从下一次乘车时给予 8 折优惠；满 150 元后，从下一次乘车时给予 5 折优惠；支出累计达到 400 元后，不再享受打折优惠。一卡通卡轨道交通支出累计记录每自然月底清零，下自然月重新累计。

（二）持卡乘客通过现金补票，此补票金额不参加轨道交通支出累计，不享受票价折扣优惠。

（三）乘客所持一卡通卡损坏无法读取卡内信息，影响在轨道交通内使用时，乘客可在轨道交通车站指定地点办理故障卡轨道交通支出累计记录转移业务。车站经查实后将故障卡的月轨道交通支出累计记录转移到乘客提供的另一张有效卡中。当乘客提供的有效卡和故障卡都存在有效的本月轨道交通支出累计记录时，以较大记录为准，两张票卡的支出累计记录不叠加。

（四）乘客自身原因退卡时，轨道交通累计折扣优惠自动失效，且卡片的轨道交通支出累计记录不可转移。

第十一条　车票应当单张使用，不得两张及两张以上重叠使用，且不得多人同时使用一张车票。

第十二条　乘客乘坐轨道交通时应当妥善保管车票，请勿遗失，不可弯折、涂写、打孔等造成车票损坏。

第十三条　乘客进出站时，应当排队并使用身体右侧闸机检票进出车站。

第十四条　成年人带领一名身高不满 1.2m 儿童乘车时，儿童免票，按照"儿童在前，成年人在后"刷卡通过闸机。成年人带领两个以上身高不满 1.2m 的儿童乘车，一个儿童免票，该成年人可与车站工作人员联系，协助儿童进站。

第十五条　不按规定购买、使用车票的乘客，应到车站售（补）票处按下列规定补交票款。具体为：

（一）超过票价有效路程乘车的，按超过的路程票价补票。

（二）在车站付费区停留超时的，按单程最低票价补交超时车费出站。

（三）超过票价有效路程且在车站付费区停留超时的，按超过的路程票价与单程最低票价之和补交车费出站。

（四）使用一卡通卡无法进站时，乘客可先到自动查询机自助查询一卡通卡相关信息。如因卡内余额低于单程最低票价时，应充值或现金购票进站；如因卡内缺少上次乘车出站记录（首次使用除外），应到售票处按照实际行程补交票款后进站；如一卡通卡无法读写，应到售票处现金购票进站。

（五）使用车票无法出站时，须到车站补票处询求帮助。如因缺少进站记录，乘客应按照实际行程补进站记录；如因车票故障无法读写，乘客应按照实际行程现金补票出站。

（六）人为损坏车票，或进入付费区遗失车票的，视为无票乘车，损坏的故障票卡回收，乘客须按照本站到路网最远端票价补票出站。

（七）使用废票、假票，或不接受检票，翻越闸门、围栏，违规进出车站付费区，应按照路网单程最高票价的 10 倍补交票款，并由工作人员收缴失效车票。

（八）使用涂改、伪造或冒用免票证件的，应按照路网单程最高票价的 10 倍补交票款，并由工作人员收缴证件。

第十六条　乘客不按规定购买、使用车票，且拒绝补票、验票，辱骂、殴打工作人员，倒卖车票、非法更改车票信息、伪造车票和免票证件，损坏、干扰自动售检票系统设备设施，扰乱公共交通秩序，交由公安机关依法处理。

第四章　咨询和投诉

第十七条　有关一卡通卡的查询、咨询、建议、投诉可拨打一卡通服务热线或登录一卡通公司网站。

　　一卡通公司服务热线：88087733

　　网站：http://www.bmac.com.cn

　　第十八条　有关单程票卡的咨询、建议、投诉可拨打运营企业的服务热线。

　　（一）市地铁运营公司服务热线：96165

　　官方网站：http://www.bjsubway.com/

　　（二）京港地铁公司服务热线：63988622

　　官方网站：http://www.mtr.bj.cn/

第五章　附　　则

　　第十九条　本规则从 2014 年 12 月 28 日起实施，原"北京市轨道交通（自动售检票系统）车票发行使用办法（试行）"废止。

单元 3.3　站　厅　服　务

　　车站站厅（图 3-8）是车站的门面和窗口，其服务水平的高低是乘客对车站服务产生深刻印象和作出评价的重要依据。现阶段，客流量的增长，乘客文化层次差异的扩大，给站厅服务增加了新的难度。如何提高站厅服务质量、减少乘客投诉的发生已成为现阶段亟待解决的问题之一。

a)　　　　　　　　　　　　　　b)

图 3-8　车站站厅

一、站厅服务的基本职责

　　（1）执行相关规章制度，做到有令必行，有禁必止。

　　（2）密切注意站厅乘客动态，发现有违反城市轨道交通企业相关规定的行为（如有精神异常乘客试图进站等）应及时给予制止。

（3）帮助乘客、回答乘客问询，特别注意帮助老、弱、病、残等有困难乘客。

（4）引导乘客正确操作票务设备，巡视车站自动售检票设备的运行情况，协助票箱、钱箱的更换或清点工作。

（5）负责巡查站厅、出入口，保证设备设施的正常运行并做好相关巡查记录，发现安全隐患时应及时报修，发现有故意损坏地铁设备的行为时应及时制止，并上报。

二、站厅服务的基本要求

（1）必须佩戴工号牌，做到仪表整洁、仪容端庄。

（2）工作时，精神饱满、思想集中，不准闲聊。

（3）发现乘客携带超长、超大、超重物品时，应禁止其进站，并做好相应的解释工作。

（4）遇到乘客不能进出站现象，要礼貌地引导乘客到客服中心进行票卡的分析。

（5）遇到漏票现象，要态度平和地要求乘客去客服中心进行补票，切不可与乘客争吵或讽刺挖苦乘客。

（6）留意地面卫生，发现积水、垃圾、杂物等应及时通知保洁人员处理，同时设置警示牌（图3-9），防止乘客摔倒。

（7）负责站厅、出入口的客流组织工作，防止乘客过分拥挤，必要时采用相应的限流措施。

图 3-9 "小心地滑"警示牌

（8）遇到老人、儿童等需要帮助的乘客，要适当留意，协助他们尽快出站。

三、安全检查（以下简称安检）服务（图3-10）

图 3-10 安检人员等待乘客接受安检

1. 安检服务的基本流程

安全检查作为与乘客安全息息相关的一项工作，必须严格、规范地执行。检查人员也应该以规范的服务流程完成安全检查工作，相关资源见二维码20，安检服务的基本流程见表3-8。

二维码20

安检服务的基本流程 表3-8

程　序	内　容
一迎	检查之前，应主动提示："您好，请接受安检，谢谢您的合作。"
二操作	检查时，应主动伸手去帮助乘客把包放到检测仪上或抬到桌子上
三告别	检查之后应向乘客表示感谢："给您添麻烦了，请您慢走。"并帮助乘客把行李从监测仪上拿下来

2. 安检服务常见问题处理

（1）发现乘客携带超长、超重物品时（相关资源见二维码21）

①提醒乘客："对不起，您不能携带超长（超重）的物品进站。"

②耐心地解释地铁相关规定，建议乘客改乘其他交通工具。

二维码21

③如遇到态度强硬、固执的乘客，首先让乘客了解到他的情况很难处理，如果乘客认为东西太重，不愿意出站，可以寻求其他同事帮助乘客。

④如果乘客坚持搭乘，则可请求警察协助。

（2）发现乘客包内有违禁品时（相关资源见二维码22）

二维码 22

①把包拿到一边进行详细检查，避免当着所有乘客的面检查包内违禁品，让乘客感到难堪。

②耐心地解释地铁相关规定，向乘客详细指出哪些物品属于违禁品。

③如遇到态度强硬、固执的乘客，可以寻求其他工作人员帮助。

（3）出现客流高峰时

①委婉地提醒乘客加快速度，并提醒后一位乘客做好准备，避免出现拥挤忙乱的现象。

②如果乘客过多，可以采用手持检测仪进行检查，以加快安检的速度，如图 3-11 所示。

图 3-11　工作人员用手持检测仪进行检查

知识链接

北京地铁违禁品规定

第一类　枪支、军用或警用械具类（含主要零部件）。具体如下。

①公务用枪和民用枪：手枪、步枪、气枪、猎枪、麻醉注射枪等。

②其他枪支：样品枪、道具枪、发令枪、打火机枪、仿真枪等。

③军械、警械、警棍等。

④国家禁止的枪支、械具：钢珠枪、催泪枪等。

⑤上述物品的仿制品。

第二类　爆炸物品类，主要包括以下几种。

①弹药：各类炮弹和子弹等。

②爆破器材：炸药、雷管、手雷、导爆索、打火机等。

③烟火制品：礼花弹、烟花、爆竹等。

第三类　管制刀具，主要包括以下几种：

①匕首、三棱刀（包括机械加工用的三棱刮刀）。

②带有自锁装置的弹簧刀。

第四类　易燃易爆品，具体如下：

①汽油、柴油、松香油、油纸、过氧化氢等。

②2kg 以上的白酒、氢气球。

第五类　毒害品。主要包括氰化物、汞（水银）、剧毒农药等剧毒化学品以及硒粉、生漆等。

第六类　腐蚀性物品。主要包括盐酸、氢氧化钠、氢氧化钾等以及硫酸、硝酸、蓄电池等。

第七类　放射性物品。主要有放射性同位素等放射性物品。

第八类　国家法律、法规规定其他禁止乘客携带的物品。具体如下：

①禁止携带超长（1.8m以上）、笨重物品（如自行车、洗衣机、电视机、台式电脑显示器、电冰箱、组合音响等物品）乘车。

②禁止携带动物以及妨碍公共卫生、车辆通行和危害乘客安全（如玻璃及易碎玻璃制品）等物品乘车（相关资源见二维码23）。

二维码23

想一想

在城市轨道交通安检时，哪些违禁品需要没收？

四、监票服务（图3-12）

1. 监票服务的基本流程（表3-9）

相关资源见二维码24。

二维码24

监票服务的基本流程　　表3-9

程　序	内　容
一听看	1. 听闸机（自动检票机）提示音是否正确，看显示灯（图3-13）是否正确； 2. 如设备提示音或显示灯显示不正确，则耐心向乘客解释："对不起，请您再刷一次。"
二提示	提示乘客正确刷卡，顺序进出站
三引导	1. 引导刷卡成功的乘客迅速进站乘车； 2. 引导票卡异常的乘客去乘客服务中心办理

图3-12　工作人员立岗准备进行监票服务

图3-13　北京地铁4号线闸机
1- 刷卡状态显示灯，刷卡成功则亮绿色；
2- 优惠票指示灯，显示票卡是否为优惠票

2. 监票服务常见问题处理

（1）当乘客初次使用车票时

①耐心地告诉并指导乘客："请您在 ×× 区域刷卡，出站时票卡需要回收，请妥善保管，谢谢您的合作。"

②必要时协助乘客使用票卡，注意不要影响其他乘客进出闸机。

（2）当乘客携带大件行李时

①礼貌地和乘客沟通，建议其使用直梯或走楼梯："您好，您的行李较多，为了您的安全，请使用直梯，谢谢您的配合。"

②引导其从宽闸机（图3-14）进站。

（3）当发现成人、身高超过 1.2m 的小孩逃票或违规使用车票进站时

①应立即上前制止，并要求其到乘客服务中心买票："对不起，您的孩子身高超过了 1.2m，请您买票，谢谢您的配合！"

②若发现违规使用车票的乘客，可按规定执行，必要时寻求驻站公安民警配合处理。

相关资源见二维码25～二维码27。

图 3-14　地铁闸机（最左侧为宽闸机）（当行李物品较多时，一般使用宽闸机进出站）

二维码 25　　　　二维码 26　　　　二维码 27

小贴士

如果有儿童进站，则礼貌地提醒乘客按照"儿童在前，成年人在后"的原则刷卡通过闸机，或建议乘客抱起孩子进出闸机。

知识链接

图 3-15　香港地铁测身高的尺子

中国香港地铁的贴心服务

如图 3-15 所示，在香港地铁，把测量身高用的简单而又呆板的尺子，做成卡通的模样，能吸引小朋友的注意力，小朋友可以自觉过来测量身高，为车站工作人员提供了方便，真正体现了地铁的人性化服务。

（4）发现乘客刷卡正确，但刷卡无效时

①先了解情况，礼貌地向乘客询问是否已经刷过卡。

②如了解情况后，仍不能解决，则需要安抚乘客："您别着急，我帮您查询一下。"

③引导乘客到客服中心进行查询，礼貌地用手掌指示前往的方向。

④若情况许可，最好能陪同乘客前往解决问题，以免乘客重复提出问题和需要。

⑤服务中注意使用文明用语："请跟我来，请这边走，谢谢您的配合等。"

小贴士

地铁工作人员可以拒绝下列乘客进站：

①拒不接受安检的乘客；

②携带违禁物品的乘客；

③乞讨人员、小摊贩等。

（5）当乘客出站卡票时

①先安抚乘客："对不起，我们马上为您解决。"

②查看闸机的状态，发现确实卡票，则按规定办理。

③找到车票后，向乘客询问该车票的信息，确认车票是否为该乘客的，并做好相应的解释和道歉工作。

④若车站计算机没有报警，打开闸机也没有找到车票，请自动售检票（AFC）系统维修人员到现场确认。如情况属实，对乘客做好解释工作。

五、自助售票服务

自助售票服务的相关资源见二维码 28，相关内容见图 3-16，图 3-16 中两侧工作人员准备指导乘客使用自助售票设备。

二维码 28

1. 当乘客第一次使用自动售票设备时

（1）耐心指导乘客如何使用自动售票设备（图 3-17），尽量让乘客自己操作，注意避免直接接触乘客财物，以免发生不必要的纠纷。

图 3-16　工作人员准备指导乘客使用自助售票设备　　图 3-17　自动售票设备

（2）耐心指导乘客如何刷卡进站，并提醒乘客要妥善保管单程票票卡，出站时票卡需要回收。

2. 当乘客使用自动售票设备出现卡币时

（1）检查设备状态，如显示卡币，则向乘客道歉并按票务管理规定办理。

（2）如显示正常，则按有关规定开启设备维修门，确认有卡币现象后，立即向乘客道歉："对不起，设备出现故障，请您谅解，我会马上为您处理。"

（3）如打开维修门后，确认没有出现卡币现象，则向乘客解释："对不起，经我们核查，目前机器没有出现故障，按照规定我们不能为您办理，请您谅解和合作。"

小贴士

当设备出现故障时，应主动悬挂故障标志，并及时上报维修。

3. 当乘客使用自助售票设备出现卡票时

（1）检查设备状态，如显示卡票，则按规定办理。

（2）如显示正常，则打开维修门进行查看；如出现卡票现象则立即向乘客道歉："对不起，我们立即为您重新发售车票。"

（3）如打开维修门后，发现没有卡票现象，则由工作人员向乘客做好解释工作，必要时可以交给值班站长处理。

4. 当发现乘客服务中心处排队乘客过多时

（1）面带微笑，主动进行宣传疏导："现在购票乘客较多，您可以使用自动售票机购票或充值。"

（2）征得乘客同意，引领乘客："您好，大家请跟我来。"

（3）对乘客的配合表示感谢："谢谢大家的配合。"

单元 3.4 站 台 服 务

站台（图 3-18）是车站的重要组成部分。在早晚高峰时，站台上来往乘客较多，稍有疏忽，就有可能发生安全事故，尤其是在乘客上、下车时容易混乱，工作人员和乘客之间也容易发生纠纷。因此，站台服务需要将安全理念和服务技巧相结合。站台服务主要包括：乘客候车服务、问询引导服务、乘客广播服务等。

图 3-18　地铁车站站台

一、站台服务的基本职责

（1）执行相关规章制度，做到有令必行，有禁必止。

（2）注意站台乘客的候车动态。在没有设置屏蔽门的站台应提示乘客站在黄色安全线以内候车，及时提醒特殊乘客注意安全（对不便乘坐扶梯的乘客应提醒其走楼梯），提醒乘客不要依靠屏蔽门等。

（3）车门或屏蔽门关门时，应确认其工作状况。发现车门或屏蔽门未关闭好时，应及时向综控室报告，并负责处理屏蔽门故障。

（4）帮助乘客，回答乘客问询。

（5）特别注意帮助老、弱、病、残等有困难乘客上、下车。

（6）负责站台设备的安全。

相关资源见二维码 29、二维码 30，相关内容见图 3-19。

二维码 29　　　　二维码 30

图 3-19　2008 年奥运会期间北京地铁的工作人员正在进行站台服务

二、站台服务的基本要求

（1）必须佩戴工号牌，做到仪表整洁、仪容端庄。

（2）工作时，精神饱满、思想集中，不准闲聊。

（3）保持站台环境清洁，注意站台设备的工作状况，如发生故障，应及时维修，以免给乘客带来不便。

（4）注意乘客安全，个别乘客站在安全线以外时，应给予适当提醒。协助乘客安全进出车厢，维持站台秩序，方便开关车门，见图3-20。

（5）留意站台上乘客的需要，如看到乘客有任何困难（身体不适、行动不便等），应主动上前了解情况，并尽量提供帮助，必要时可以向其他同事请求协助。

（6）遇到特殊事件时，能正确及时地进行站台广播。

图3-20 站务人员监控站台

想一想

站台设备主要包括哪些？当这些设备发生故障时，站务员应该如何处理？

三、乘客候车服务

1. 当乘客站在黄色安全线以外候车时

（1）应及时提醒乘客："为了您的安全，请在黄色安全线以内候车。"

（2）如果乘客没有退后，应立即上前制止该乘客的行为。

2. 当乘客采用蹲姿候车时

（1）应及时上前了解情况，看乘客是否有身体不适。

（2）如没有，应提醒乘客："为了您的安全，请勿蹲姿候车。"

3. 当乘客身体不适时

（1）应主动上前询问情况，并指引他们到候车椅上休息。

（2）如果情况严重，则通知车站综合控制室处理。

4. 当乘客在站台上吸烟时

如发现乘客在站台上吸烟，应立即上前制止，并有礼貌地解释："对不起，为了安全，车站内不允许吸烟，请您灭掉烟头，谢谢您的合作。"

5. 当乘客企图冲上正在关门动作中的列车时

如果乘客企图冲上正在关门动作中的列车，应阻止乘客（避免和乘客有直接碰触）并有礼貌地提醒："请勿靠近车门，下次列车将于 ×× 分钟后进站，请等候下班列车。"

6. 当乘客在站台上逗留时

若发现有长时间逗留在站台不出站的乘客，应主动上前询问情况，避免发生逗留的乘客跳轨等紧急情况的发生。

相关资源见二维码 31、二维码 32。

二维码 31　　二维码 32

四、问询引导服务

有的乘客在候车时，往往是骑马找马，到了站台站在指示牌前，也会焦急地问站务员："请问到 ×× 坐哪个方向的车？""请问到 ×× 从哪个出口出站？"作为站务员，一定不能表现不耐烦，而应该耐心地详细解答。具体细节如下（图 3-21）：

图 3-21　问询引导服务

（1）用手掌指示方向。比较标准的引导手势是：手掌伸平，五指自然收拢，掌心向上，小臂稍向前伸，指向乘客要去的方向，不要伸出一个手指头，指指点点。

（2）解答时使用敬语。"您可以往 ×× 方向走。"

（3）乘客表示感谢时应礼貌回答"不用谢"或"这是我们应该做的"。

（4）如果乘客提出的问题，站务员无法给出确切的答案，需要向乘客解释，提示乘客需要到附近再核查一下。不要直接回答"不知道"，也不要回答一些误导性或错误信息给乘客。

🍎 **练一练**

在站务人员的日常工作中，很多情况下都需要为乘客指路，为乘客指示方向时应注意以下几点：

（1）手臂要从腰边顺上来，五指并拢，打手势时切忌五指张开或表现出软绵绵的无力感。

（2）手臂伸直，高度应超过自己的胸部。

（3）视线随之过去，很明确地告诉乘客正确的方位。

（4）待乘客离去后，再将手臂收回。

五、乘客广播服务

遇到特殊事件时，站务员需要正确及时地进行站台广播。

1.语音广播

站务员应尽量使用语音广播，并注意如下事项：

（1）广播是否清晰准确。

（2）音量大小是否过大（过小）。

（3）广播是否适时地重复。

（4）广播是否在适当的地点播出。

2.人工广播

人工广播一般在应急或特殊情况下采用。应注意以下事项：

（1）先提醒乘客注意："乘客请注意……"

（2）用简洁的语言告知乘客发生的具体事件。

（3）对给乘客带来的不便表示歉意。

（4）对乘客的配合表示感谢。

（5）语速适中，口齿清楚，语调清晰。

想一想

当你从闭路电视系统看到有小孩在站台上追逐打闹，你应该如何广播？

单元 3.5 车站应急服务与特殊乘客服务

一、应急服务

乘客在乘车过程中，难免会遇到突发状况。当事情发生时，乘客和其身边的人员通常会感到不安和慌乱，在这种情况下，应根据现场情况进行灵活处理，并且要充分考虑乘客的心理，避免出现尴尬情况。

1.乘客突发疾病时

（1）先主动上前查看乘客的情况，适当地安抚和询问："您好，您哪里不舒服吗？""需要帮您叫救护车吗？"

（2）征得乘客或其家属的同意后，及时与急救中心联系，必要时可以请求其他工作人员到车站出口迎候急救人员，并疏导周围乘客，保障各个通道都畅通无阻，为乘客的治疗争取时间。

（3）协助医护人员将乘客送上救护车。

相关资源见二维码33~二维码36。

二维码33　　二维码34　　二维码35　　二维码36

小贴士

当乘客突发疾病时，如果乘客意识清醒，拨打120前最好要征得乘客同意。对于突发疾病的乘客，切忌随意移动，在处理过程中以协助为主，站务人员不能自作主张对乘客采取任何药物治疗。

想一想

如果你在工作过程中，遇到乘客衣扣脱落等尴尬情况，你会如何处理？

2. 乘客有物品掉落轨道时

（1）站务员安抚并提醒乘客："为了您的安全，请勿私自跳下轨道，请您放心，我会尽快为您处理。"如条件允许时及时为乘客取回。

（2）如果条件不允许，则告知乘客将于运营结束后下轨道拾回物品："对不起，目前条件不允许，我们将在运营结束后，帮您拾取。"并请乘客留下联系方式，第二日到车站领回物品。

3. 当有乘客走失时

（1）首先适当地安抚乘客。

（2）了解情况（走失人员的性别、年龄、特征、走失时间、乘车路线等）并进行登记。

（3）利用广播在车站内协助寻找，如未找到，可上报至运营控制中心在全线进行广播寻找，必要时在征得乘客同意后，协助乘客通知公安部门找寻。

4. 遗失物品查找服务

相关资源见二维码37，相关见容见表3-10。

二维码37

遗失物品查找服务　　　　　　　　　　　　　　　表3-10

程　序		内　容
当乘客反映物品丢失时	接到乘客反映	1. 安抚乘客："请您别着急，我们马上帮您广播。" 2. 了解遗失物品的基本特征和物品遗失的地点和时间等
	采取措施	1. 通过广播在本车站进行询问和查找； 2. 通过电话向有关车站进行询问和查找； 3. 找到物品时，协助乘客办理认领，应礼貌核对乘客的身份，确认乘客所述物品与找到的物品一致； 4. 若没有找到遗失物品，应向乘客表示抱歉，并将乘客的姓名、身份证号码、联系方式进行记录，以便联系乘客，必要时可以告知乘客向车站属地派出所报案

续上表

程　序		内　容
当乘客捡拾到其他乘客的物品并上交时	接到遗失物品	1. 向乘客表示感谢； 2. 当着乘客的面，对物品进行详细地清点和记录，并请乘客签字确认
	采取措施	1. 通过广播寻找失主； 2. 未找到失主时，将物品上交保管； 3. 如果有乘客过来认领时，应礼貌核对乘客的身份，并请乘客签字确认

5. 乘客在车站内发生伤害（如被车门夹伤、在扶梯处摔倒）等情况时

（1）安抚乘客情绪，了解伤害状况，对伤口进行简单的消毒处理。

（2）当乘客提出要去医疗机构检查的要求时，应按照地铁相应规定进行处置，必要时应该让工作人员同乘客一起去医疗机构就诊。

（3）在处理过程中，切忌推诿或拒绝乘就医要求。对未受到伤害的乘客，要耐心地向乘客解释，讲明公司的规定，必要时，向上级报告，求得解决办法。

相关资源见二维码 38～二维码 40。

二维码 38　　　二维码 39　　　二维码 40

6. 当乘客被困在故障垂直电梯时

（1）接到求救信息后要与乘客沟通，确认电梯内人员数量和人员情况，上报故障报警中心，并提醒乘客在接到指示之前不得进行任何操作（如扒开梯门等）。

（2）通过电梯内的通信装置先稳定乘客情绪，注意与乘客沟通，安慰乘客，让乘客保持镇定，并告知维修人员将马上进行维修。

（3）故障电梯应立即停用，放置暂停服务牌。

（4）等待专业救援人员进行维修和救援。

二、特殊乘客服务

1. 老年人

（1）在售票过程中，应放慢语速，音量适当放大但不刺耳，以免惊吓到老年乘客，服务全过程需要耐心提示，悉心帮助。

（2）在进出站时，应礼貌地建议年老的乘客搭乘直梯或走楼梯，如果乘客坚持搭乘自动扶梯，则由工作人员陪同老人一起搭乘自动扶梯。

2. 儿童

（1）年幼的乘客只有在大人陪同下才可以进入车站，提醒乘客遵循儿童在前、大人在后的刷卡进站原则。

（2）要特别关注儿童乘车，时时提醒看护人照看好儿童，避免发生因儿童快跑，与其

他乘客发生碰撞引发的摔伤。

相关资源见二维码41。

二维码41

3. 身体不适的乘客

（1）及时上前询问情况。

（2）带乘客去休息室或综控室休息，并帮助乘客倒水。

（3）如果乘客稍作休息后无好转，可以征求乘客的意见是否需要帮忙叫救护车。

4. 残疾人

（1）由出入口进入站厅。如果有直梯，帮助残疾乘客乘坐直梯；如果没有直梯，则安排并帮助乘客乘坐残疾人专用电梯，见图3-22。

图3-22　残疾人专用电梯

（2）引导与陪同。在推行轮椅的过程中应注意行进速度和稳定性；在轮椅陪护过程中应减少对其他乘客的妨碍，轮椅行进过程中提示周围乘客避让。

（3）协助安检。引导乘客至安检位置，对乘客的行李和轮椅进行检查，尽可能由同性别的工作人员完成，尽量减少琐碎不变的环节，并给予乘客足够的尊重。

（4）协助乘客进出付费区。引导乘客至乘客服务中心，带乘客完成购票，引导乘客从宽通道或专用通道进出付费区，并帮助其刷卡。

（5）协助上、下车。相关资源见二维码42~二维码44。引导乘客至划定的站台无障碍候车区域，疏导其他乘客到相邻车门排队候车，使用渡板（图3-23）让乘客安全上下车。上车时，要将乘客护送至车厢内无障碍专用位置，确认轮椅已经制动或与列车上专用挂钩固定，并提醒乘客坐稳扶牢，告知乘客目的站会有站务人员迎送，然后通知目的车站的工作人员该乘客所乘车次、车号、发车时间、所在车门位置，列车路线等信息，目的站应做好准备工作。

二维码42　　　　二维码43　　　　二维码44

图 3-23 渡板

小贴士

在为残疾乘客提供服务时，需要先征得乘客的同意，在与其进行交流的过程中，不要总盯着乘客残疾部位。

单元 3.6 城市轨道交通客运服务技巧

一、积极的服务态度

态度是心灵的表白，一般来说，你对别人是什么态度，别人对你也会是什么态度，对乘客显示积极的态度要做到以下几点：

（1）精神饱满。为乘客提供的服务属于情感劳动，它虽然不像体力劳动那样会耗费你大量的体力，但如果你无精打采、疲惫、沮丧、不高兴、没耐心等都会降低在乘客心目中的服务质量。

（2）友善耐心。乘客希望得到友善的服务，期待礼貌、尊重与关心。不友善的态度以及缺乏耐心的举动，很容易激怒乘客，它相对于其他问题引发的后果更严重，矛盾也更激烈。因此，应该友善耐心地去对待每一位乘客，提高乘客的满意度。

（3）主动热情。在车站环境中，工作人员的角色是服务者，乘客则是享受者，他们期待自己被重视。如果能够多关心乘客，把乘客的困难当成是自己的困难，随时乐意为乘客提供帮助，那么乘客的满意度也会大大提高。

二、了解乘客需求

城市轨道交通服务的对象是乘客。客运服务人员只有了解了乘客的需求，才能有的放矢地做好服务工作。了解乘客的需求不仅可以提高客运服务人员对服务工作的预见性，更有利于客运服务人员主动地为乘客提供服务。

（1）安全的需求

安全是乘客各种需要的基础，也是做好服务工作的一个重要前提。客运服务人员要时刻留意乘客的动态，及时发现不安全的因素，对乘客不安全的行为给予必要的提醒和劝阻，积极防止因各种原因造成的乘客摔伤、压伤、挤伤等事故。在劝阻过程中应充分照顾到乘客的情感需求，要礼貌、耐心而不是呵斥、埋怨。

（2）快速乘车的需求

乘客选择城市轨道交通作为出行工具，很大程度上取决于城市轨道交通快捷、准点的特性。如果乘客在进站、安检、购票、候车和出站过程中等待时间过长，势必会影响乘客的出行计划，造成乘客不满。因此，作为服务人员，应不断提高自己的业务水平，加快作业速度。尤其在客流高峰期，要充分理解乘客的心情，适当地安抚乘客。

（3）被重视的需求

乘客是城市轨道交通的服务对象，是付款购买地铁服务的顾客，他们在乘车过程中难免会遇到问题，当然会向工作人员寻求帮助和服务。在这种情况下，客运服务人员需要多微笑、多体谅、多耐心地为乘客提供帮助，让乘客有被重视的感觉，切忌语言冷淡、对乘客爱理不理。

（4）被尊重的需求

城市轨道交通作为城市客运主体之一，为各种职业的城市居民和流动人口提供服务。乘客修养程度、脾气性格、身体状态和基本素质都有很大的差异，在乘车过程中，难免会有乘客出现违规现象（如逃票、小孩超高等），虽然乘客有错，但客运服务人员在处理时要充分考虑到乘客的自尊心，耐心地向乘客解释，要尊重乘客而不是挖苦和训斥乘客。

三、避免乘客纠纷

在城市轨道交通迅速发展的今天，客运服务人员需要适应客运新形势的要求，提升服务水平，避免发生乘客纠纷，主要方法如下：

（1）唱收唱付法。乘客购票时，为了避免争执，要严格执行唱收唱付的票务制度，避免出现票款纠纷。

（2）微笑服务法。微笑可以加强服务效果，无形中减少很多问题。

（3）和风细雨法。遇到抱怨时，不要和乘客争辩理由，应主动查找不足，妥善处理。

（4）快速处理法。应重视乘客的抱怨，快速处理，解决乘客需求。

（5）换位思考法。矛盾产生往往是因为双方不理解造成的，我们需要多做换位思考，更好地了解乘客的需求和情感。

（6）意见分析法。乘客的意见是改善服务的最大源泉，对乘客的意见要虚心接受，多分析多改造。

（7）异人异地处理法。当乘客对某一个服务人员的服务不满意时，可通过变更处理地点，更换处理人员的方法解决纠纷。

相关资源见二维码45。

二维码 45

◣ 四、化解乘客矛盾 ▮▮

（1）处处为乘客着想。在客运服务过程中，任何时候都要维护乘客的面子，不要伤害乘客的自尊，不要同乘客争辩是非曲直，要耐心解释，宽容乘客，争取最好的效果。

（2）不计较乘客态度。服务人员要时时保持谦恭有礼，表现出冷静、耐心，运用语言艺术引导、劝诫、说服乘客，使矛盾化解于萌芽状态。

（3）主动承担责任。遇到乘客不满时，首先要学会说"对不起"，很多时候，一句道歉就能平息乘客的不满。

相关资源见二维码46。

二维码 46

✎ 复习与思考

一、简答题

1. 列举乘客无法刷卡进站的原因。

2. 列举乘客无法刷卡出站的原因。

3. 在乘客服务中心服务中，哪些环节容易和乘客发生冲突？应该如何避免？

4. 在站厅服务中，哪些环节容易和乘客发生冲突？应该如何避免？

5. 在站台服务中，哪些环节容易和乘客发生冲突？应该如何避免？

二、案例分析

网易新闻：上海地铁2号线相继出现"超人""鹿人"等行为艺术后，2008年10月17日，2号线上惊现"木乃伊"。17日，网友称地铁2号线开到上海科技馆站时，突然上来一个全身裹着白色纱布的形似"木乃伊"的人。该"木乃伊"一上车，很多人都拿出相机拍照。"木乃伊"时不时与乘客打招呼，甚至试图握手，把一位女乘客吓得用书遮面，大叫："快走开，太恐怖了！"期间，木乃伊还在一个空位上坐了一会。

（1）对于上述案例，该"木乃伊"的出现会给车站的日常工作带来哪些困难？会出现哪些安全隐患？

（2）作为车站工作人员，为了不影响其他乘客，可以拒绝该"木乃伊"进站吗？

（3）如果你是当班站务员，你如何处理？

单元 4　城市轨道交通列车司机服务礼仪

教学目标

1. 掌握城市轨道交通列车司机的仪容仪表要求、着装要求和行为举止要求；
2. 能够按照相关规定解决城市轨道交通列车服务中的常见问题；
3. 列车上发生特殊情况时，能够运用列车广播及时宣传和引导。

建议学时

6 学时

单元 4.1　城市轨道交通列车司机服务礼仪的基本要求

列车司机是城市轨道交通运营的一线人员，工作中的一言一行都代表着城市轨道交通运营企业的形象。因此，列车司机需要在仪容仪表、着装、行为举止等方便严格要求自己，提升服务质量。

一、仪容仪表要求

列车司机仪容仪表要求如表 4-1 所示。

仪容仪表要求　　　　　　　　　　　　　　　　　　表 4-1

分类	基本要求	常见错误
发型	1. 整齐利落、清洁清爽； 2. 长发的女性需盘成发髻，用发卡或发网别于脑后，不得过肩，短发女性需将鬓角头发用发卡别于耳后； 3. 男性两侧鬓角不超过耳垂底部，前面不遮盖眼睛，后面不超过衬衣领底线	1. 头发凌乱，染发过度明显、夸张； 2. 留怪异发型； 3. 男员工留长发或剃光头

续上表

分类	基本要求	常见错误
发型		
面容	1. 女性上岗应着淡妆，保持清洁的仪容，避免使用味道浓烈的化妆品； 2. 男性应保持脸面洁净，不可留胡须； 3. 适时保持亲切的笑容	1. 化浓妆或怪异妆； 2. 男员工留胡须
口腔	1. 保持牙齿、口腔清洁； 2. 定期除掉牙齿上的尼古丁痕迹； 3. 去除吸烟过多而引起的口腔异味	工作前食用葱、蒜、韭菜等带有刺激性气味的食物
指甲	1. 保持手和指甲清洁无污垢； 2. 不得涂彩色的指甲油	1. 指甲过长； 2. 使用指甲装饰品
配饰	1. 可以佩戴的配饰有：风格简约的手表、婚戒（戒指不可过宽）、一对耳钉（女士）； 2. 佩戴纯色镜架和无色镜片眼镜； 3. 饰品应自然大方，不可过度明显夸张	1. 佩戴过分夸张和闪耀的饰物； 2. 男员工佩戴耳部饰物

二、着装要求

一般来说，列车司机在工作时间内需要穿着员工制服，着装时，应当仪表端庄，精神饱满，具体着装要求见表 4-2。

着装要求　　　　　　　　　　　　　　　　表 4-2

分类	基本要求	常见错误
制服	1. 工作时间内，制服与便服不能混穿，不同季节的制服不能混穿，制服内有非制服服装时，不得外露； 2. 男性衬衫下摆应束于裤腰内，皮带外露时，带扣要端正，松紧适宜（见图 4-1）； 3. 裤袋限放工作证等扁平物品或体积微小的操作工具，避免服装变形； 4. 季节更替时，应按规定更换制服，不得擅自替换	1. 披衣、敞怀； 2. 制服上有异味或污渍； 3. 在套装和衬衫的胸袋内放入钱包、硬币等物品； 4. 缺扣、立领、挽袖、挽裤
帽子佩戴	1. 工作期间，应当佩戴制式帽子，需将刘海放入帽子内侧，帽徽应朝正前方，不得歪戴； 2. 进入室内时，应当脱帽，立姿可以将帽子用左手托住，夹于左侧腋下，帽徽朝前；坐姿可以将帽子用左手托住，放在左侧膝上，帽徽朝前； 3. 驾驶列车时，帽子应放在驾驶台前沿左侧或挂在衣帽钩上，以不影响正常驾驶为宜	1. 歪戴帽子； 2. 帽子有污垢，帽徽不正； 3. 帽子随意拿在手上，边走边晃

分类	基本要求	常见错误
鞋袜	1.穿着制服时应按规定穿黑色或深色的皮鞋，鞋面保持干净，黑色皮鞋配深色袜子； 2.皮鞋应定期清洁，保持干净光亮	1.穿重度磨损的鞋及露脚趾、脚跟的鞋； 2.穿图案过多的袜子和浅色袜子
工牌	1.挂绳式工号牌照片和字面应朝向乘客，工号牌绳放在制服外侧； 2.非挂绳式工号牌应佩戴在制服左上侧兜口的正上方位置，工号牌左下角应抵住西服兜口边缘，并于地面保持水平； 3.佩戴党（团）徽时，应将党（团）徽佩戴于工号牌中上方 	1.胸牌上有装饰物； 2.胸牌有损坏； 3.胸牌上的名字模糊、褪色
其他配饰	1.按照各地铁运营公司规定佩戴帽徽、领带、肩章、臂章、胸牌； 2.领带和领结佩戴前应系好衣领扣，保持领带和领结的平整	1.肩章、胸牌等佩戴歪斜； 2.佩戴与岗位不相符的肩章、袖标等； 3.佩戴与工作无关的标志

a)秋季制服　　　　　　b)夏季制服

图 4-1　北京地铁运营公司列车司机秋季制服与夏季制服

知识链接

南京地铁关于肩章的规定

地铁运营企业均实行半军事化管理，因此各运营公司对其生产岗位的配饰有严格的规定。南京地铁具体规定如下：

凡是需配发肩章的一线生产岗位，依据其岗位级别，佩戴相应款式的肩章。

（1）值班站长、行车调度员、客运调度员、电力调度员、环控调度员、信号楼（车辆段）调度、司机长，这些岗位佩戴的肩章式样皆为"一花三杠"；

（2）行车值班员、客运值班员、电力列车司机，这些岗位佩带的肩章式样为"一花两杠"；

（3）票务员佩带的肩章式样为"一花一杠"。

凡是需要配发肩章的二线生产岗位，不论其岗位级别高低，一律佩戴绣有"一颗地铁梅花"的肩章。

二线生产岗位特指：票卡组工长、收益审核组工长、车票配收员、"编码（分拣）员"、车票处理员、统计分析员、收益审核员、结算员、中央监控员、控制中心办事员、站务中心办事员、乘务中心办事员、票务中心办事员、服务热线接线员。

佩戴肩章的管理岗位有："区域站长"和运行控制中心的"值班主任"。肩章式样为"一花四杠"。

除以上公布的岗位外，其他生产岗位不佩发肩章。这里的"花"是指"地铁梅花"，"杠"是指银白色的直杠。

三、行为举止要求

行为举止不仅可以展现自身的精神面貌，更能体现对他人的尊重程度，作为地铁服务岗位的列车司机自然对行为举止有更高的要求，具体要求见表4-3。

行为举止要求　　　　　　　　　　　　　表4-3

分类	基本要求	常见错误
站姿	1. 上身挺胸收腹，头正目平，双肩平齐，双手自然下垂或体前轻握，下身应保持双腿直立； 2. 女士站立时，双脚成"V"字形或"丁"字形，双手相握叠放于腹前或双手下垂放于裤缝边；男士站立时，两脚并拢或分开与肩同宽，双手下垂放于裤缝边或叠放于腹前或背后； 3. 站累时，脚可后撤半步，但上身仍须保持垂直，身体重心在两腿正中，精神饱满，表情自然	1. 叉腰、抱膀、抖腿或把手插在衣袋内； 2. 站立时依靠在墙或其他物体上； 3. 不礼貌的小动作，玩衣带、头发、咬指甲等
坐姿	1. 上身自然挺直，两臂屈曲放在双膝上； 2. 驾驶室内，目光正视前方，身体挺直，两腿自然弯曲	1. 用手托腮，侧身斜靠桌子； 2. 前俯后仰，把腿放在椅子上
行姿	1. 上身正直，挺胸收腹，两肩自然放松，双臂自然摆动； 2. 与乘客相遇时，应主动点头示意并侧身避让	1. 大摇大摆、勾肩搭背； 2. 嬉戏打闹、左顾右盼

分类	基本要求	常见错误
手势	1. 为乘客指引时，手掌稍微倾斜，掌心向上，五指并拢，前臂自然上抬，用手掌指路； 2. 手指呼唤：用食指指向相应设备，并呼唤相应指令 	1. 五指分开； 2. 用手指指点乘客
目光	1. 与乘客交谈或传递物品时，应坦然亲切，双眼正视乘客； 2. 与乘客视线接触时，应点头微笑表示尊敬	1. 俯视乘客； 2. 目光注视乘客时，总是盯着一个部位

四、纪律要求

随着城市轨道交通列车性能的不断优化，现阶段越来越多的运营企业逐渐采用单司机制度（即驾驶室内只有一个司机驾驶，不安排副司机和助理司机），对司机的要求更为严格。列车司机基本纪律要求见表4-4。

纪律要求   表4-4

程序	内容
上班前	1. 保证充足的休息和良好的精神状态； 2. 不可在酒后和药物影响下工作； 3. 按规定穿着制服并检查相关行车备品，认真阅读相关文件
列车启动前	对列车进行专业的检查
列车驾驶过程中 （图4-2）	1. 坐姿正确，目光要向前； 2. 遵守司机守则，专注驾驶列车，不准接打私人电话； 3. 经常留意路轨和车厢内发生的事情，当乘客有不当行为时，要进行广播劝阻，必要时，应及时上报，以免骚扰或危害到其他乘客； 4. 及时发现任何潜在的危险，并上报有关部门进行处理
换班	检查自己的仪表，注意提工具包的姿势

图 4-2　地铁列车司机驾驶列车示意图

单元 4.2　城市轨道交通列车司机服务

列车司机是城市轨道交通运营企业的一线工作人员，是除站务以外和乘客接触最多的岗位之一，因此对司机来说，仍然需要承担一部分服务工作。

一、列车司机服务的基本职责

（1）执行各项规章制度、安全规定和有关的行车命令，按照时刻表安全、可靠、高效地完成运营任务。

（2）严格按照作业标准作业，服从运转室值班员和正线值班员及行车调度员的工作安排。

（3）驾驶列车时保持最高警觉，随时处理可能出现的列车、设备和其他事故。

（4）驾驶列车时，及时处理车厢内乘客紧急情况。

二、列车司机服务常见问题处理

1. 在驾驶过程中，被乘客拍打驾驶室时

（1）不要打开驾驶室车门，不要与乘客隔着驾驶室对话；

（2）通过闭路电视观察车厢内有无异常情况；

（3）通知运营控制中心安排站务人员在下一站进行处理；

（4）通过广播安抚乘客："不好意思，我是本次列车司机，×××（名字），事情已经通知上级，因列车正在行驶中，请稍候，到站后会有工作人员过来帮助您进行处理，谢谢您的配合。"

2. 在驾驶过程中，从闭路电视中看到乘客在车厢内抢座、打架等冲突时

（1）继续驾驶列车，通过广播进行宣传："尊敬的乘客您好，列车正在行驶中，为了您和他人的安全，请您不要在车厢内×××，谢谢您的合作。"

（2）通过闭路电视观察车厢内情况，如有需要，则通知运营控制中心安排站务人员在下一站进行处理；

（3）切忌让事情继续扩大，引起恐慌。

案例分析：4-1

乘客打架为何引发众人恐慌

2013年6月16日16时许，武汉地铁2号线宝通寺站，两名男性乘客在列车尾部车厢因争抢座位发生打斗，车厢内乘客纷纷躲避，造成恐慌事件。

6月7日12时许，广州地铁3号线梅花园站，一名地铁跟车的护卫员发现有一名乘客突然晕倒，在用对讲机通知列车司机时，旁边不明情况的乘客中有人喊"砍人""有炸弹"，引起其他乘客恐慌逃离，事件造成6名乘客轻微擦伤。

6月6日晚，武汉地铁2号线长江隧道内，一女子按动车上紧急对讲机报警，称有人持刀抢劫，引发全车乘客恐慌逃命，地铁在隧道中滞留。警方随后查实，女子用假信息报警。

6月5日，北京地铁国贸站1号线换乘10号线通道内，有乘客发生纠纷，引发不明情况的乘客逆向奔跑造成现场混乱，2名乘客有轻微擦伤。

5月25日18时，深圳地铁1号线老街站外，一名疑似精神病人在东门地铁商城推翻一商户货架引起周围群众四散逃离，随后引发恐慌。老街站一度停止列车停靠，22次列车受影响。

5月24日10时，杭州地铁列车一名乘客癫痫发作，引起乘客恐慌紧急拉停列车造成现场骚乱。

5月9日14时，广州地铁体育西路站内，有乘客打架导致大批乘客涌出，地铁出口通道附近商铺因此关门。

4月17日9时，北京地铁5号线惠新西街南口站内，两男子因纠纷而互相追打，造成同车厢部分乘客争抢下车，继而引发更多不明情况的乘客恐慌。

3月8日16时许，北京西单地铁站内，两名乘客排队安检进站时因口角打架，稍后在他人劝说下自行离开。但有网民发微博散布谣言称"一名男子持刀捅死乘客后卧轨"。

（1）车厢内发生异常情况时，为什么会造成乘客恐慌？

（2）如果你是列车司机，应如何避免恐慌产生？

（3）作为地铁运营公司如何避免类似事件发生？

小贴士

当列车上发生异常情况时，需要及时进行广播宣传，以防事态扩大引起次生事故。除极个别威胁到乘客安全的情况外，司机应尽最大可能将列车开至站台，在站台进行处理。

3. 当车内乘客报警装置被启动时

（1）了解乘客的情况："乘客您好，我是本次列车的司机，请问有什么可以帮到您。"

（2）注意在通话过程中要表明自己的身份，向乘客了解信息（发生什么事情，具体位置，情况严重性，是否可以到下一个车站进行处理等），必要时需要上报相关部门。

（3）安抚乘客："乘客您好，我已清楚您的信息，已经通知运营控制中心，请稍候，列车进站后将有站务人员帮助您进行处理。"

4. 发现车厢内有人乞讨时

城市轨道交通设施范围内是禁止乞讨的。因为乞讨卖艺人员对轨道交通安全运营有一定的危害。一方面，车站、车厢是密集场所，空间狭小，乞讨卖艺妨碍乘客流动和安全疏散，影响轨道交通运营秩序；另一方面，车站、车厢属于公共场所，乞讨卖艺人员影响乘客的乘车舒适度和感受，特别是一些乞讨人员拽乘客裤腿、跪地磕头、播放高音喇叭等强行乞讨的方式，严重干扰了车内秩序。作为列车司机看见有乞讨人员时，应利用广播进行宣传引导，如果乞讨者严重干扰了车内秩序或影响到乘客，司机可以通知运营控制中心安排车站工作人员在下一站进行处理。

5. 当遇到异常情况，需要紧急停车时

及时广播通知乘客紧握扶手，避免乘客碰撞跌倒造成损伤。

案例分析 4-2

2007 年 12 月 4 日，某地铁运营公司司机在列车到终点站准备折返时，因急于解答一位乘客有关列车服务的询问，未把车门关闭；与此同时，一位进行折返的司机于另一边驾驶室进行操作，列车报警，导致服务延误。

（1）分析此案例中列车司机的做法是否合适。

（2）如何避免类似情况发生？

小贴士

在执行日常任务时，必须适当地权衡轻重，如遇到一些非紧急的事故或情况，应首先把必要的工作程序完成，才可处理其他次要的事件，例如乘客的一般查询。

三、列车人工广播

列车司机是列车信息发布的执行者，负责在事件过程中向乘客发布信息，接收运营控制中心信息，列车信息的发布规范如下：

（1）广播必须根据实际需要选择适当的播放时机，准确地播放内容。

（2）广播内容要按照规定的区域和次数来播放。

（3）在有自动广播内容的情形下，严禁用人工广播。

（4）进行人工广播时，驾驶室人员不得喧哗、大声说笑。

（5）人工广播时，要使用普通话播放，语调要平稳圆润、音量适中、读音准确、声音清亮。

1. 列车故障下的广播

（1）临时停车持续的情况

尊敬的各位乘客，供电（信号、列车、轨道）故障正在加紧抢修，预计需 ×× 分钟可恢复行车。不便之处，敬请原谅。

（2）列车清客到站广播

各位乘客请注意，由于供电（信号、列车、轨道）故障，本次列车将退出服务，全体乘客请下车，对给您带来的不便，我们深表歉意。

2. 列车发生危险需要紧急疏散

（1）两端疏散

各位乘客请注意，由于发生险情，请不要惊慌，依照指示进入驾驶室并打开疏散门离开列车，步行前往车站，请注意安全。

（2）列车发生险情需要后端疏散

各位乘客请注意，由于发生险情，请不要惊慌，依照指示进入列车尾部驾驶室并打开疏散门离开列车，步行前往车站，请注意安全。

（3）列车发生险情需要前端疏散

各位乘客请注意，由于发生险情，请不要惊慌，依照指示进入列车头部驾驶室并打开疏散门离开列车，步行前往车站，请注意安全。

知识链接

地铁列车上的安全设备

（1）乘客报警装置。在每节车厢内至少有一个乘客紧急报警器，新式报警器不必打破隔板，只要推开滑门，按动红色按钮，就可以直接与列车司机通话。

（2）车门紧急解锁开关。在每节车厢的车门上方，设有车门紧急解锁开关，在紧急情况下，乘客可以利用此设备自行打开车门。

（3）紧急疏散门（图 4-3）。设在列车两端驾驶室内，紧急疏散时使用。

图 4-3　列车紧急疏散门

3. 车站发生异常情况

（1）临时停车

各位乘客请注意，由于 ×× 站发生险情，现在实行临时停车，不便之处，敬请原谅。

（2）列车清客

各位乘客请注意，由于 ×× 站发生险情，请全体乘客在 ×× 站下车，不便之处，敬请原谅。

（3）不停站通过

各位乘客请注意，由于发生险情，本次列车将不停站通过 ×× 站，请到 ×× 站的乘客提前下车，不便之处，敬请原谅。

复习与思考

1. 如果你是列车司机，在驾驶过程中发现有乘客在车厢内发小广告，你如何处理？

2. 如果你是列车司机，列车因供电故障停在隧道中，车厢内乘客开始发牢骚，情绪越来越不稳定，你如何处理？

单元 5 城际轨道交通客运服务

教学目标

1. 掌握城际轨道交通安全检查服务、问询和人工引导服务、售票服务、候车服务等服务内容的要点和细节；
2. 掌握城际轨道交通迎送乘客服务和列车服务的要点和细节。

建议学时

8 学时

城际轨道交通可以看作是"城市间的城市轨道交通"，其服务对象是来自不同国家，不同地区，不同文化层次，不同职业、年龄、地位，不同风俗习惯的乘客，任何一个服务环节出现问题都会降低乘客对整个乘车过程服务质量的满意度。因此，客运服务人员需要不断提高自身文化修养，掌握丰富的专业知识和服务技巧，了解乘客的服务需求及心理特点，来为乘客提供优质的服务。

单元 5.1 城际轨道交通车站服务

乘客在整个旅行过程中首先接触到的是车站客运服务人员及其提供的无形运输产品，即客运服务。所以，车站客运服务人员的礼仪素养及提供的服务是否符合乘客的要求，直接决定了乘客对城际轨道交通的第一印象。

一、城际轨道交通客运服务人员的基本要求

1. 客运服务人员的基本素质要求

（1）身体健康，五官端正，持有健康证。

（2）上岗前应通过安全、技术业务培训，经理论、实际操作考试合格后，持证上岗。

（3）熟知岗位职责和作业标准，技术业务熟练，并了解其他岗位作业标准，具备与其他岗位联劳协作的能力。

（4）认真执行相关规章、制度、作业标准，具备妥善处理突发事件的能力。

（5）掌握基本的手语、英语的语言沟通方式，具备为聋哑乘客和外籍乘客服务的能力。

小贴士

实际操作考试通常是指客运服务人员对本岗位设施设备的实际操作及对本岗位工作流程的演练考试，目的是达到理论与实践相结合，提高工作人员的实际操作水平。

2. 客运服务人员的基本礼仪要求

城际轨道交通客运服务人员的礼仪规范，是乘客评价客运服务人员服务以及城际轨道交通面貌的重要标准之一。客运服务人员的行为大方文雅、热情庄重，能在接触乘客时使乘客内心深处产生良好的感觉。

（1）仪容要求

①制服穿着统一规范。

②职务标志、肩章、胸牌、徽章佩戴齐全。胸牌及徽章应佩戴在左胸上方；臂章应佩戴在上衣左袖肩下四指处。

③精神饱满，仪容整洁，举止大方，表情自然。

④穿着与制服同色系的鞋子，不赤足穿鞋，不穿露趾鞋。

⑤女性客运服务人员应淡妆上岗，佩戴首饰应简洁大方，长发应盘起，不染彩色指甲、头发，保持仪容清新整洁。男性客运服务人员应保持面部清洁，不得蓄胡须、留长发，不佩戴首饰。

（2）仪态要求

①车站客运服务人员的站姿要给乘客留下挺拔、舒缓、健美的印象。

②行姿要"轻、稳、灵"，不要给乘客留下忙乱无章、慌慌张张的感觉。

③坐姿要稳，并注意手脚的空间位置，要表示对客人的尊重。

3. 客运服务人员基本服务要求

（1）服务语言要求。使用普通话服务，服务语言表达规范、准确，口齿清晰。运用"请""您好""谢谢""对不起""再见"等文明用语。对乘客称呼得体，统一称呼时为"各位乘客"；个别称呼时为"同志""小朋友""先生""女士"等。

（2）面对乘客问询要先打招呼，并面向乘客站立回答。要尊重乘客的民族习俗和宗教信仰。

（3）处理乘客投诉时，应以公正、诚实、守信的原则，按规定及时妥善处理，并向乘客做好反馈工作。

（4）列车晚点要及时通告，保持信息透明畅通，严格执行晚点道歉制度，并积极为乘客做好服务工作。

二、车站主要服务项目

1. 安全检查服务

城际轨道交通车站采用的是封闭式候车厅，具有高密度人流聚集的特点，城际轨道交通列车也是全列封闭车厢，所以对乘客携带物品的安全性提出很高的要求。特别是近年来世界各国恐怖活动频繁发生，为确保乘客旅行过程中生命财产不受威胁，作为乘客出行的首发地——车站的安全检查工作必须严格、规范。具体要求如下：

（1）检查前，应主动向乘客问好："您好，请您接受安检。"

（2）大型行李包裹应使用 X 光透视机检查仪（图 5-1）进行检查；对于乘客随身携带的手包及贵重物品应使用手持金属探测器（图 5-2）进行检查；特殊时期或有特殊需要，应由部门相关人员携警犬加强检查力度。

图 5-1 X 光透视机检查仪

图 5-2 手持金属探测器

（3）检查过程中，如果乘客行李过多，应主动伸手帮助乘客将行李放到检测仪上。

（4）检查后应向乘客表示感谢："给您添麻烦了，谢谢您的合作，再见。"

（5）如果安检时发现违禁品，应耐心向乘客指出哪些是违禁品，并说明违禁品的处理方法。注意自己说话的语气和态度，避免让乘客感到难堪。

（6）当遇到乘客不耐烦时，要学会使用"对不起"。毕竟安检工作会给乘客带来麻烦，要主动道歉，并对乘客的配合表示感谢。

（7）如果乘客拒绝接受安检，服务人员切记不能大喊大叫，更不能蛮横无理。要耐心地说服乘客："为了您和他人生命财产的安全，请您配合我们的检查，谢谢合作。"

想一想

安检工作中经常会遇到乘客携带属于管制刀具的工艺刀具纪念品，工作人员应如何处理？

乘客在旅游过程中通常会购买武术、工艺、礼品等刀具，如被认定属于管制刀具范围，车站安检人员应按照相应规定处理。

（1）建议乘客由与其同行的送行人员带回或按规定通过托运、邮寄等方式运送。

（2）如属于不能运送范围或没有同行人员带回时，应按照车站关于违章携带品处理规定进行处理。

（3）在处理过程中，乘客难免会情绪激动，安检人员一定要耐心向乘客解释。

2. 问询和人工引导服务

车站为乘客提供的服务中最重要的是信息服务，即向乘客提供有关出行的一切信息，并将乘客对信息的接受程度以及对服务的感知程度记录下来并进行反馈，从而不断地对自身服务进行完善，更好地满足乘客的需求。所以车站必须为乘客提供良好的问询、解答以及人工引导服务。

（1）设立乘客服务台（也称咨询台，图 5-3），主要提供问询服务及乘客意见反馈。

图 5-3　车站咨询台

在车站候车大厅中央部位设立乘客服务台，设置业务熟练、经验丰富的客运服务人员一名，主要为乘客提供出行信息问询服务、列车到发信息查询服务、本市交通查询服务、人工引导服务、大件行李运送服务、简易医疗处理服务、外籍乘客及残障乘客帮助服务、乘客意见反馈等服务。

（2）设置值班室及值班电话，主要解答乘客疑问及处理乘客投诉。

车站一般应设立值班室并配备值班员一名、值班电话一台。值班室 24 小时接听乘客电话，值班员必须具备良好的业务能力和沟通技巧，随时解答乘客疑问，并对乘客的投诉予以及时处理。

接听电话回答乘客疑问时，应语气温柔、语速适中。首先向乘客问好，对接听人员身份进行自我介绍，耐心倾听乘客问题，依据规章制度针对问题做出解答。询问乘客是否满意，对超出自己业务范围内的问题，应坦诚说明，并留下乘客的联系方式，过后将解决情况及时向乘客反馈。

受理乘客投诉时，应先稳定乘客情绪，耐心倾听乘客投诉，了解情况后开始对话沟通和交流，对乘客真诚相待，并对乘客提出的问题积极反应，设身处地为乘客着想，尽量减少乘客利益的损失，让乘客参与解决方案，最终对投诉做出合理处理。

将当日处理问题及投诉进行登记，做到有据可查，并进行汇总，以作日后处理问题的参考。

（3）加强引导设施建设以及人工辅助引导。

合理的引导可以帮助乘客简化在车站的乘车过程，缩短乘降时间。引导设施（图5-4）的设置必须人性化，简易易懂，设置位置应位于满足乘客乘降的最佳线路上，使乘客乘降便捷化、快速化。引导设施主要包括引导显示屏，即文字视频的动态显示、引导指示牌等。引导设施应该设置在乘客行走路线最醒目的位置，采用的引导语言、引导标识应简洁直观。由于乘客年龄、文化层次、语言的不同，可能存在对引导语言和引导标识理解的差异，所以必须配备相应的工作人员进行人工辅助引导（图5-5）。工作人员在引导过程中应注意自身手势和指示的正确性，并特别注重对老、弱、病、残、孕乘客的引导帮助，主动上前询问，确保乘客乘降安全。

图5-4　引导设施

图5-5　工作人员在指导乘客使用自助查询机

3. 售票服务

（1）自助查询、售票设施

乘客出行首要关注的问题就是如何能快捷地得到出行信息和购买车票。城际轨道交通高密度公交化的发车频率，使得乘客需要一种可以随到随走的购票方式，大量自动查询机、自动售票机（图5-6）的投入使用满足了乘客这一需求。

（2）人工售票

尽管自动售票机的使用使得乘客购票更为简便，但是对于部分乘客来说仍喜欢选择人工售票（图5-7），特别是当自动售票机发生故障，或者客流猛增时，人工售票仍是不可缺少的售票方式。由于车票是有价证券，如果乘客因购买车票发生问题，会对乘客出行造成严重影响，经济上也会有所损失。所以票务员在工作中，不仅应按照服务标准进行良好的服务，还应该加强售票过程中的反复询问和核实，并叮嘱乘客核对手中的票、款，避免发生因误售、误购导致乘客上错车、下错站或耽误乘车时间。

图 5-6 自动查询、售票设施

图 5-7 人工售票

4. 候车服务

城际轨道交通采用的是全封闭式候车厅，所以对候车区域的划分必须合理。根据客流量，每个检票口必须对应一至两个候车区域。候车座椅的排列应便于乘客看到引导显示屏及检票信息通告牌。针对老、弱、病、残、孕等重点乘客设置的候车区域还应尽可能地设置在洗手间、开水间、室内商业场所附近，以方便其行动。针对高端客户设置的 VIP 服务区（图 5-8），应提供餐点、休闲、网络等服务。候车厅还应注意光线、温度、广播音量的设置，尽可能为乘客提供舒适的候车环境。候车厅的工作人员应尽力为乘客提供一种无干扰式服务，即在乘客享受安静的同时，关注乘客的行为，在乘客需要的时候及时提供帮助。

图 5-8 VIP 候车区域

5.检票服务

检票口应根据一般客流需求设置相应数量的检票闸机，闸机间距应考虑乘客的平均身材及携带行李的大小。提前检票的时间应根据列车停靠时间、客流量，以及一般乘客自检票进站至上车的走行时间来设定。应设置一个人工检票口，作为客流较大或部分闸机出现故障时，进行人工检票的通道。工作人员在检票过程中应注意为不会使用自动检票机乘客提供帮助。当需要进行人工检票时，切记注意核对票面信息后加剪，避免发生误剪，导致乘客坐错车。并严格执行停检制度，保障乘客人身安全。

想一想

车站停止检票时间应该如何来规定？

一般车站的停检时间为3分钟，但是根据车站情况的不同，停检时间略有不同。通常停检时间应考虑乘客由检票口至站台上车的走行时间以及列车起动前车门关闭的时间。由于不同车站由检票口至站台的走行距离不同，所以各个车站对于具体停检时间有相应的规定。

6.重点乘客服务

重点乘客通常指老、弱、病、残、孕等出行时缺乏行为能力，需要工作人员帮助的乘客。针对这类乘客应提供相应的无障碍设施，例如在车站设置重点乘客候车区域、盲道、直梯，提供带有盲文的查询设施及轮椅、担架等；针对孕妇和儿童，还可设置母婴候车区，儿童欢乐园地等。工作人员应该注意观察，发现有需要帮助的重点乘客，主动询问，热情提供帮助。工作人员还应具备手语、急救常识等能力，了解重点乘客的一般心理需求，尽可能做好服务。车站应建立重点乘客服务窗口，重点乘客登记簿，并与列车联系，做到有登记，有交接，有办理，全程帮助重点乘客解决困难，方便乘客出行。

图5-9 车站人员在站台加强防护

7.做好安全防护工作

城际线路列车的运营速度一般在200km/h以上，目前我国已投入运营的城际列车设计速度达到380km/h，可实现运营速度300km/h以上。列车的起动加速度和制动加速度较高，所以列车在进、出车站时瞬间速度变化较大，给站台客流组织的安全性带来很大威胁。这就对车站客运服务人员的安全意识和防护设施安全性能提出了很高的要求。车站应根据乘客乘降走行路线设置安全警示标志、安全提示语；加强电梯防护，危险地段应设置安全护栏，站台要设置安全线和防滑设施；客运人员应加强安全宣传和安全巡视，在客流密度较高时应确保道路畅通，加强客流疏导，避免发生踩踏跌落事件，保障乘客乘降安全（图5-9）。

8. 提供具有车站文化的特色服务

不同的城际轨道交通车站其运营模式和设施设备的设置大同小异，所以不同车站应提供带有车站企业文化或所在城市文化色彩的特色服务，让车站各具特色，让乘客每到达一个城市就会通过车站的服务对该城市的文化有所感知。

想一想

哪些城际轨道交通车站具有特色服务？如果你是一名客运服务人员，你会为自己的车站设计怎样的特色服务？

单元 5.2　城际轨道交通列车基本服务

乘客在车站短暂停留后，其旅行过程中大部分时间是在列车上度过的。一般来说，乘客会因旅途中发生的各种问题产生焦虑情绪，这就要求乘务人员将更加细致的服务融入每一个细节之中。

一、迎送乘客服务（图5-10、图5-11）

（1）乘客上、下车时，需要在车门前立岗接待乘客，并主动点头问好、再见："您好，欢迎乘车。""期待您下次乘车，再见。"

（2）上、下车乘客较拥挤时，应礼貌地提醒乘客："您好，请您按顺序上、下车，谢谢。"不可大喊大叫训斥乘客。

（3）当遇到老年乘客或行动不便或行李较多的乘客时，应主动提供帮助。

图 5-10　立岗准备迎接乘客上车

图 5-11　送别乘客下车

二、车厢服务

1. 引导乘客入座

很多乘客乘车经验较少，上了车以后会因为人多拥挤或找不到自己的位置而心情烦躁，客运服务人员应该进行必要的引导。当乘客找不到自己座位时：

（1）要主动上前提供帮助："您好，您的座次号是多少？"

（2）引导乘客对号入座："我带您到座位上好吗？请跟我来。"

（3）如果有乘客坐错位置了，需要礼貌地提醒："您好，麻烦您核实一下车票的座位号，谢谢"或"您好，我可以看一下您的车票吗？"绝不能直接埋怨乘客。

（4）如果车站售票出现重号，造成一方无座时，首先需要代表企业道歉，请求乘客的原谅，并及时解决乘客的座位问题，必要时可以将乘客引导到餐车。绝不能置之不理，更不能推卸责任："这是车站的问题，你们自己协调，我没法解决。"

2. 送水服务（图 5-12）

（1）客运服务人员送水时，要注意安全，不要烫伤乘客。

（2）倒水前，需要征求乘客的意见，问其是否需要。

（3）倒水时，不要握着杯口，这样会让乘客感觉很不卫生。

（4）给中式茶杯倒水时，杯柄与乘客的右手边成 45° 角。

（5）不要倒得过满，防止开水溅出烫伤乘客。

（6）倒完水后，要将乘客的杯子放到原来的位置，以防乘客拿错水杯。拿水杯时，应该一手握住水杯把（无把手水杯应拿水杯下部 1/3 处），一手轻托水杯底部。

（7）如果不小心将水溅到乘客身上或物品上时，应立即擦拭干净，并向乘客道歉。

图 5-12 客运服务人员提供送水服务

3. 保洁服务

列车的环境能直接反映列车的服务档次。车厢卫生就是列车服务的脸面，除了列车在出库前要对车厢做彻底的保洁外，在运行途中更需要客运服务人员付出艰辛的劳动来保持车厢的整洁。

（1）需要清扫卫生时，应征得乘客的同意。需要乘客协助时，要说："请您抬抬脚，我将这里给您擦干净，谢谢。""打扰了，请您把茶杯挪一下，我帮您把餐桌清理干净，谢谢。"

（2）当乘客的行李影响清洁工作时："您好，我需要清洁一下地面，请把您的行李挪一下好吗？"

（3）当乘客对车厢内的卫生不满意时，客运服务人员要立即道歉："对不起，今天列车超员，打扫卫生不方便，请您谅解，我马上清扫干净。"

（4）当见到乘客随地扔果皮等杂物时，要耐心地提醒："请您把杂物放在清洁袋中，我马上帮您清理，谢谢您的合作。"切忌训斥和教育乘客。

（5）清扫厕所和洗面间时，不要敲门催促乘客，要耐心地等乘客用完后再清扫。

4. 提醒服务

（1）提醒亲友下车

开车之前，乘客总想和送别的亲友在车厢内多说几句，多聚一会儿，这是人之常情，我们需要给予理解。对于亲友，可以告知车辆出发的时间，并且在开车之前的几分钟礼貌地提醒亲友下车："对不起，列车马上就要起动了，请您下车，谢谢您的合作。"切忌不要不耐烦或大喊大叫。

（2）提醒乘客保管好随身物品

乘客在车厢门口上车时容易出现拥挤现象，这个时候最容易发生乘客行李物品丢失或者盗窃的事情发生。此外，乘客上车忙于找自己的位置，因而也容易对随身物品有所忽视。这时，客运服务人员要及时提醒乘客："乘客您好，请注意保管好您的随身物品，以免发生丢失。"同时，也要提醒乘客不要将贵重物品放在车窗的衣帽钩上，以防造成不必要的损失。

（3）提醒乘客下车

客运服务人员需要提醒乘客及时下车，尤其是在夜间行车时，如果有乘客在中途下车时，要提前轻声地唤醒乘客，避免打扰其他乘客休息。

（4）提醒乘客不要抽烟

乘客在旅途中都希望有一个良好的车厢环境，特别是在封闭式车厢内需要全列禁烟。如果客运服务人员对车厢内吸烟的个别乘客提醒不当，会引起不必要的纠纷。当有乘客抽烟时，可以先巧妙地暗示："您好，这里是无烟车厢。"以使乘客感觉到你维护了他的自尊。如果乘客仍然没有熄灭烟，可以礼貌地提醒："对不起，为了您和他人身体健康和旅行安全，请您下车后吸烟，好吗？"切忌不要训斥和教育乘客。

提醒服务远远不止这些，只要客运服务人员多一份责任心，多提醒一次，就会给乘客带来很多欣慰，减少很多不必要的麻烦。

相关资源见二维码47。

二维码 47

列车还有哪些提醒服务呢？

5. 验票补票服务

（1）查验票时，要礼貌当先："请出示您的车票，谢谢。"绝不能使用"查票了，把票都拿出来"等冷漠的语言。

（2）当有乘客睡着时，要轻声地唤醒乘客，或过后检票，切忌推、摇等接触乘客身体的行为。

（3）如遇到不理睬、不配合的乘客时，要礼貌地提醒："请出示您的车票，如果您上车之前没有来得及买票，车上可以为您办理补票，以免在出站时给您带来麻烦。"

（4）在验票补票时，要建立在尊重乘客的基础上，决不能有"终于让我逮着你了"的心态。对于没有票的乘客，绝不能将话题引到乘客的品德、修养上。

三、餐车服务

1. 餐车服务的基本要求

（1）餐饮服务人员（图5-13）应服饰整洁得体，头发梳理平整，指甲修剪整洁，语言礼貌和气，精神饱满，步态轻盈，手脚利落，观察仔细，及时了解乘客需求，提供满意服务。特别是列车运行到部分线路发生微小晃动时，要求餐饮服务人员走路时脚步要稳、轻、灵、巧，步幅不宜过大。

图 5-13 餐车服务人员

（2）乘客就餐时，餐饮服务人员要热情相迎，主动问候："您好，欢迎您就餐。"按照习惯，要先引导女性入座，如果是一对夫妇或者一对恋人用餐，应该引导到比较安静的位置，对老年或者行动不便的乘客要主动搀扶；男、女独自用餐的乘客，一般不喜欢在中间的位置就餐。重要宾客应该引导到餐车的适当位置就餐，并且要面对列车前行方向。

（3）为乘客递送纸巾等物品时应双手递送。递送东西时，应站在乘客的正面与之成45°角的地方，双手递送；递送东西应到位，当对方接稳后再松手。

（4）乘客落座后应将餐饮单送上，征求点餐。乘客点餐时，服务员应站在乘客一侧，与乘客保持一定距离，腰部稍微弯下一点，手持餐饮单，认真倾听乘客点餐名称，并做到神情专注、有问必答、百问不烦、主动推销。

2. 餐车服务的基本流程

（1）点餐

①餐饮单要在客人面前展开："您好，请您先看下菜单。"

②主动介绍饮料和餐食的种类。

③回答问询时侧身45°角站立于乘客侧前方，面向乘客，身体微欠，细心聆听。

④对饮料和餐食的种类要心中有数，掌握相关的知识、餐食的文化背景知识，妥善回答乘客的问询。

（2）送餐

①送餐时应向客人表达："您好，这是您点的×××，请慢用。"

②热饮用具需要事先预热。

③杯垫、饮料、小吃、餐巾纸应按照乘客右手的方向按顺序依次直线铺开。

④注意不要用手碰触餐具的表面。

小贴士

　　端托盘时，双手端住托盘的后半部分，大拇指握紧托盘内沿，其余四指托住托盘底部；托盘的高度应在腰部以上胸部以下，托盘端平，微向里倾斜；托盘上放置的物品不应过高，以不超过胸部为宜。

　　（3）收餐具

　　①收餐盘时，动作要轻柔，忌急躁，注意乘务人员应具备的姿态和表情。

　　②防止餐盘内的杂物泼洒溅漏。

　　③回收餐桌布时，应当将餐桌布由里向外折叠好后再收走。

3. 餐饮服务细节

　　为乘客提供餐饮时还应注意一些细节问题，例如为儿童提供热饮时需递给其看护人等。提供餐食服务时，主动介绍餐食品种；汤温度过高时，应及时提醒乘客；为乘客冲泡奶粉时，需同时送上餐巾纸或湿纸巾；禁止将餐饮或杂物从乘客头顶上方掠过，旁边乘客协助递送时需及时向乘客致谢等。

复习与思考

　　1. 列举城际轨道交通车站常用服务项目。

　　2. 简述具有城际轨道交通车站文化特色的服务项目。

　　3. 简述城际轨道交通车站检票服务的注意事项。

　　4. 列举常见城际轨道交通列车服务项目。

　　5. 简述城际轨道交通餐车服务的具体流程和注意事项。

单元6　乘客投诉处理

　　任何一个组织，包括企业、政府机关、非营利机构，只要提供产品或服务，都有可能遇到投诉。城市轨道交通运营企业作为服务性行业中的一员，再加上其公共交通的特性，自然也会不可避免地受到投诉。正确认识、妥善接待和处理投诉是良好的企业形象和一流企业管理水平的体现。因此，作为直接面向乘客的客运服务人员，尤其需要掌握投诉处理的相关知识，处理好乘客投诉，以提高企业运营服务质量，切实维护城市轨道交通的声誉。

单元6.1　乘客投诉分析

　　随着消费者层次的提高，消费者越来越注重自己的权益问题。以前是多一事不如少一事，但现在越来越多的乘客为了自己的权益会选择投诉。当乘客乘坐城市轨道交通时，会对出行的本身和企业的服务抱有良好的愿望和期盼值，如果这些要求和愿望得不到满足，就会失去心理平衡，由此就会产生"讨个说法"的行为，这就是投诉。广义地说，乘客任何不满意的表示都可以看作投诉。

一、乘客投诉的分类

1. 按照投诉的表达方式分类

乘客感到不满意后的反应不外乎两种：一是说出来，二是不说。据一项调查表明：在所有不满意的乘客中，有 69% 的乘客从不提出投诉，有 26% 的乘客向身边的服务人员口头抱怨过，而只有 5% 的乘客会向投诉管理部门（如客服中心）正式投诉。其中，正式投诉根据乘客表达方式的不同可以分为以下三种：

（1）当面口头投诉，包括向公司的任何一个职员。

（2）书面投诉，包括意见箱、邮局信件、网上电子邮件等。

（3）电话投诉，包括热线电话、投诉电话等。

2. 按投诉的内容分类

按投诉的内容主要可以分为：车站服务、列车运行、乘车环境、票款差错、设备故障等。

3. 按投诉的性质分类

按投诉的性质可以分为有责投诉和无责投诉。有责投诉是指因工作人员工作失误、违规操作、设备设施保障不力等而引起的投诉。无责投诉包括两种情况：一是由于自然灾害等不可抗力因素导致服务失误而引起的投诉；二是因为乘客自身原因而引起的投诉。对于前者，运输企业应该加大应急事件的处理力度，对于后者，运输企业应该加强对乘客的宣传。

二、乘客投诉产生的过程

一般来说，在投诉之前乘客就已经产生了潜在化的抱怨，即对列车运行或者服务存在一定的不满。潜在化的抱怨随着时间推移就变成显在化的抱怨，而显在化的抱怨作为投诉的一种形式，很有可能会转化为正式投诉。具体过程如图 6-1 所示。

图 6-1　投诉产生的过程

三、乘客投诉的原因

乘客感到不满的原因有很多，有时候他们的愤怒是有道理的；而有时候，他们简直是在无理取闹。无论有没有道理，都要牢记"乘客投诉都是有原因的"。相关资源见二维码 48。要想消除他们的不满，就必须找到引起他们不满意的原因，见表 6-1。

二维码 48

乘客投诉原因 表 6-1

乘客自身原因	企业服务的原因
1.乘客对服务的期望值过高，乘客的要求服务人员无法满足； 2.乘客不了解或不知道企业规定； 3.乘客本身强词夺理	1.设备设施故障影响出行； 2.工作人员不规范作业，业务能力不过关； 3.工作人员的工作效率太低； 4.工作人员说话态度不好； 5.工作人员不作为； 6.工作人员没有足够能力来解决乘客的问题； 7.因工作人员的疏忽，乘客的利益遭受损失

想一想

2010 年 9 月，北京地铁某车站，一位乘客来到售票窗口（图 6-2）要求为储值票充值，因为是客流高峰期（北京地铁规定客流高峰期不能提供充值服务），票务员没有解释原因，就直接态度生硬地说："不能充值。"该乘客要求解释原因时，票务员不耐烦地用手指了指旁边的告示，接着就给下一位乘客售票。该乘客认为该票务员态度恶劣，并和售票员发生了争执。票务员认为制度规定了客流高峰期本来就不能充值，觉得自己没有做错。乘客不满，事后投诉。

图 6-2 售票窗口

讨论：

（1）如果你是票务员，你会为该位乘客的储值票充值吗？

（2）在整个事件中，引起乘客投诉的原因有哪些？其中哪个是乘客投诉的最主要原因？

（3）在乘客来充值时，票务员应该如何处理来避免乘客投诉？

（4）如果你是票务员，和乘客发生争执时，你会如何处理？

四、认识投诉

只要是服务行业，就无法避免消费者的抱怨和投诉，即使是最优秀的服务企业，也不可能保证永远不发生失误或引起投诉。作为城市轨道交通的客运服务部门，在服务过程中引起乘客投诉是很正常的，不能一味地恐惧投诉，厌恶投诉。需要对投诉有一个清醒的认识，这样才能更好地处理投诉，更有效地改进服务工作并提高服务质量。

美国白宫全国消费者调查统计

美国白宫曾作过一次全国消费调查：即使是不满意，还会选择该服务的顾客有多少？

（1）不投诉的顾客中，只有9%的不投诉顾客表示会再次选择该项服务，有91%的顾客表示不会再次选择该服务。

（2）投诉后没有得到有效解决的顾客中，19%的顾客表示会再选择该项服务，81%的顾客表示不会再次选择该服务。

（3）投诉后得到解决的顾客中，54%的顾客表示会再选择该项服务，但有46%的顾客表示不会再次选择该服务。

（4）投诉得到迅速解决的顾客中，82%的顾客表示会再选择该项服务，有18%的顾客表示不会再次选择该服务。

（5）在不满意的顾客中，只有4%的顾客会投诉，96%的顾客不投诉，但会将自己的不满告诉20人以上。

以上数据表明，不投诉比投诉更可怕。顾客遇到问题，如果选择不投诉，对企业来说是一大损失。因此，不仅应该鼓励顾客投诉，而且，要以最快的速度化解顾客的不满和抱怨，真诚地为他们解决问题，积极采取补救措施。

作为直接面向乘客的服务人员，应当以积极和欣赏的态度来看待投诉。

（1）重视投诉。乘客的投诉大多是刺耳尖锐的、直接的、不留余地的。许多服务人员把投诉当成一个"烫手山芋"，希望最好不要发生。可是对于一家公司来说，没有投诉的声音却未必是个好消息。因为投诉往往可以暴露服务的薄弱环节。

（2）欢迎投诉。乘客的投诉能给企业机会以回顾和检查在乘客服务中不合适的方面。在投诉处理过程中，服务人员可以向乘客解释企业的规定和标准，从而使乘客和企业能够更好地理解和沟通。因此，作为服务人员，既不需要对投诉感到尴尬，也不需要带有畏惧和抵触的心理。

单元 6.2 乘客投诉处理的原则

客运服务人员每天都会面对成千上万的乘客，在服务过程中，一句不负责任的话、一个不规范的动作、一种生硬的态度等都可能引起乘客的不满而产生投诉。乘客的投诉千差万别，处理投诉也没有一成不变的方法，但面对乘客的投诉如果能牢记并把握以下四个原则，往往能收到很好的效果。

一、安全第一、乘客至上的原则

当接到乘客投诉时，首先要站在乘客的立场上考虑问题："一定是我们的工作没有做好，给乘客带来了不便"，同时还要相信，乘客的投诉总是有他的理由。这是一个非常重要的观念，有了这种观念，客运服务人员才能用平和的心态处理乘客的抱怨和投诉，并且会对乘客的投诉行为给予肯定和感谢。

"安全第一、乘客至上"就是指在保证地铁安全的前提下，客运服务人员应最大限度地满足乘客需求。只有了解了乘客的需求，才能对症下药，才能向乘客提供优质的服务。

案例分析 6-1

违反地铁规章制度的情形

2005 年 1 月，两名成年人抱着两个大纸盒进站（图 6-3），经工作人员询问后，纸盒内装着电脑显示器，工作人员礼貌地提醒："先生您好，为了您和其他人的安全，按规定我们不能让您进站。"乘客不理解，不满地说："为什么不可以，新买的显示器能有什么危险？"该乘客认为客运服务人员故意为难他，和客运服务人员发生争执。

图 6-3　地铁进站口

客运服务人员 A：为了不和乘客发生冲突，就先让乘客进站，反正是新买的，不会出现问题。

客运服务人员 B：一定不能让该乘客进站，即使发生冲突，也不能让其进站。

请问：你赞同哪一名客运服务人员的做法？为什么？

事件分析：

乘客不清楚乘坐地铁的相关规定，认为新的显示器没有任何危险是这次争执发生的主要原因。

注意事项：

（1）地铁的规章制度是不能违反的，在地铁里面应时刻记住"安全第一、乘客至上"

的原则。

（2）态度强硬、固执的乘客是有的，作为客运服务人员还是应该耐心地解释地铁相关规定。

（3）让乘客了解，他的情况我们很难处理，但不能埋怨，要从乘客的角度去考虑，了解乘客的需求。如果乘客已经购票，返回票款收回票卡；乘客如果认为东西太重，不愿意出站，可以寻求其他同事帮助乘客。总之，作为客运服务人员，一定要从乘客角度出发考虑处理问题的解决方案。

知识链接

不同性格乘客的服务要求

不同类型的乘客对服务的需求也有所不同，只有准确判断乘客的类型并进一步把握其性格特点，采取适当的服务措施，才能更好地做到从乘客角度出发。

（1）温和型乘客。温和型乘客性格随和，对自己和别人没有更多的要求，他们比较容易理解别人，注重任何人之间的友好亲切关系。

面对这种乘客，客运服务人员更要以礼相待，以情感人，千万不能因为对方的宽容而忽视了对其的服务，让服务缩水。

（2）独断型乘客。独断型乘客十分自信，有很强的决断力，感情激烈，不容易接受和理解别人，轻易不改变自己的看法和观点，希望每个人都认同他的观点，并满足他的需求。这种类型乘客最不能容忍被怠慢或者不被尊重，是投诉最多的乘客。

面对此类型的乘客时，要镇定自如，始终保持目光的交流，不能怯场，因为这种类型的乘客不愿意听取别人的意见，对于该种类型乘客的服务一定要先征求意见，不然很有可能双方都不愉快。

（3）分析型乘客。分析型乘客的特征是做事非常认真，要求客运服务人员每说一句话都要非常准确，不能有任何含糊的地方。通常分析型乘客说得少，听得多，动作缓慢，表情少，他们的文化素质一般较高，逻辑能力强，讲道理，不接受不公平待遇，但可以接受合理的解释，善于维护自己的权益，对服务不满时往往会说："我认为这不是理由……"

在跟该类型乘客沟通时，说话要有条理性，逻辑性，如果遇到这种乘客提意见，客运服务人员要注意真诚对待，讲清事实，争取得到理解。

（4）内向型乘客。这种类型的乘客生活比较封闭，对外界事物冷漠，和陌生人保持相当的距离。对客运服务人员的态度、言行、举止非常敏感，他们大都排斥客运服务人员的过分热情。

由于这种乘客比较腼腆，因此客运服务人员看他时目光一定要和蔼，但目光对视不宜过长，以免给乘客造成心理压力。

（5）自我型乘客。自我型乘客是最挑剔的，他们以自我为中心，从来不站在他人的立场上考虑问题，并且绝对不允许利益受到损害，有很强的报复心理，性格敏感而不讲道理，无理也要辩三分。

对待这样的乘客，客运服务人员要控制好情绪，以礼相待，如果有做得不周之处要立即道歉，尽管对方的语言会十分尖刻，但客运服务人员也要包容他，不能发生争执。否则，会引起更多的麻烦。

二、不推脱责任的原则

很多客运服务人员面对乘客投诉的第一反应是："是我的责任吗？""如果乘客向上级投诉，我应该怎么解释？"他们常常会说："如果是我的问题，我一定帮您解决。"这看似十分礼貌，但却是一个十分糟糕的开头。客运服务人员必须清楚地认识到，乘客既然选择投诉就压根没有想到是自己的错，而是想从你那边得到心理安慰，让你重视他的投诉。

面对乘客投诉和不满情绪，客运服务人员首先要反思自己的不足，向乘客道歉，只有表明了这种态度，才能更好地处理乘客投诉。

想一想

2009 年 1 月，一位乘客手持 50 元人民币到某车站购票乘车，由于列车将要进站，乘客急急忙忙拿了找零的钱就往站台走，到了进站口才发现自己的车票没了，乘客认为刚才慌乱中忘记拿票卡了，随即返回乘客服务中心向票务员反映，票务员认为不拿车票是乘客自己的失误，认定乘客自己把车票丢失了，不予理睬，随后与乘客发生争执。

讨论：

上述事件中，票务员有哪些地方处理不当？应如何处理和改善才能减少乘客投诉的概率？

三、先处理情感，后处理事件的原则

美国有一家汽车修理厂，他们有一条服务宗旨很有意思，称为"先修理人，后修理车"。什么叫"先修理人，后修理车"呢？一个人的车坏了，他的心情会非常不好，你应该先关注这个人的心情，然后再关注汽车的维修。对于城市轨道交通运营企业来说也是如此，每一位投诉的乘客，心情都不好，在处理时，需要先关注这个人的心情，让乘客先平息怒气，然后再想办法帮助乘客解决问题。

案例分析 6-2

乘客产生不满意情绪的情形

2009 年 1 月，×××车站的乘客服务中心前排起了长队（图 6-4），因为有一位乘客丢失贵重物品请求工作人员的帮助。

图 6-4　客服中心前排起的长队

票务员好不容易办完了此项业务，刚要给排队的乘客办理售票，另一名工作人员带领一位乘客过来，该位乘客的票不能出站，票务员随即给这位乘客办理，此时排在队首的乘客变得不满："你们怎么做服务的，怎么先给后来的人服务啊？"票务员急忙解释："按公司规定，我们需要先为不能出站的乘客服务。"乘客不听解释："让你们领导过来，我要投诉。"恰好值班站长经过，听了票务员的解释以后，对乘客说："您好，我们的票务员没有做错，公司确实是这样规定的。"乘客不满意，继续进行投诉。

事件分析：

（1）工作人员在给乘客提供服务时，没有顾及其他乘客的心态，导致乘客产生不满情绪。

（2）当乘客抱怨自己的不满时，售票员没有第一时间安慰乘客，只是为自己的行为辩解，乘客的不满没有得到安抚。

（3）值班站长到场时，没有耐心倾听，便急着向乘客解释票务员没有做错，忽视了乘客的情感需求。

（4）值班站长漠视乘客的抱怨，没有从乘客角度出发，没有耐心倾听投诉是导致乘客最后投诉的主要原因。

服务技巧：

（1）票务员在为丢失物品的乘客服务时，花费时间较多，应该及时联系车站控制室，请求其他工作人员协助。

（2）当发现乘客有不满意的情绪时，应第一时间给予安抚，并找其他同事协助办理，而不应该第一时间向乘客解释，推脱自己的责任。

（3）值班站长到场时，应先耐心地倾听乘客的投诉，并表示虚心接受乘客的意见。

（4）值班站长不能直接指出票务员没有错，而是应该向乘客委婉地解释，并表示歉意，给乘客一个台阶。

四、包容乘客的原则

包容乘客就是指客运服务人员对乘客的一些错误行为给予理解和宽容。包容乘客的核心是善意的理解。当发现乘客的某些行为违反规定时，只要给予乘客善意的提醒即可。站务员要懂得体谅乘客，避免让乘客处于难堪的状态。虽然乘客的投诉并不都是对的，但得理不让人的解决方法，必将会造成双方的关系紧张而不利于问题的解决。如果客运服务人员能够包容乘客，那么由此而引发的冲突就能及时避免。

案例分析 6-3

乘客有违规行为时的服务

某日，一位妈妈带着孩子在站台上候车。孩子刚喝完饮料，妈妈随手将饮料瓶扔到了地上，给孩子擦完嘴之后，又随手将纸巾扔到了地上。此时，客运服务人员上前制止，要求其将饮料瓶和纸巾放回垃圾桶里，并且嘀咕道：真没素质，孩子还在身边呢，以后怎么教育孩子。这位乘客不乐意，和客运服务人员争吵了起来……

事件分析：

（1）客运服务人员制止乘客乱扔东西的行为值得肯定。

（2）客运服务人员在制止乘客时带有主观情绪，对乘客犯错进行直接指责，而且态度不好，让乘客觉得难堪。

服务技巧：

（1）在发现乘客有违规行为时，要特别注意服务态度，使用礼貌用语。

（2）要以宽容的心对待乘客的错误，耐心地对乘客进行解释教育和提醒，给乘客一个承认错误、改正错误的台阶。

单元 6.3　　乘客投诉处理技巧

在处理投诉的过程中，会遇到不同性格的乘客。除了要好好把握乘客投诉处理的基本原则外，还需要掌握一定的处理技巧，只有这样才能更好地为乘客服务，提升城市轨道交通企业的服务质量。

一、用心倾听

抱怨的乘客需要有忠实的听众，工作人员喋喋不休的解释只会让乘客感觉在推卸责任，从而使乘客的心情更差。面对乘客的投诉，工作人员需要掌握倾听的技巧，从倾听中掌握事情发生的细节，找出乘客投诉的真正原因以及其所期望的结果。倾听是一种情感活动，是要真正理解对方所说的意思。想要做到用心倾听，需要注意以下几点：

（1）要有耐心。在乘客投诉的过程中，切忌不要轻易打断乘客，要仔细思考乘客提供的信息。应该花 80% 的时间去听，给乘客 80% 的时间去讲。倾听过程中要保持冷静的心态，不受其他事物的影响。

（2）学会回应。倾听的过程中要运用眼神、表情等非语言传播手段来表示自己在认真倾听。尽可能以柔和的目光注视着对方，并通过点头等方式及时对对方的谈话作出反应。

（3）用心。站在乘客的角度考虑问题，将心比心地感受乘客的心情。这是真正能听到乘客心声的好办法，是乘客服务中不可或缺的沟通技巧。

（4）不要挑对方的毛病。倾听时不要当场提出自己的批判性意见，更不要与对方争论，尽量避免使用否定别人的回答或评论式的回答。如"不太可能""我认为不该这样"等。应该站在对方的立场去倾听，努力理解对方所说的每一句话。

用心倾听的具体做法见表 6-2。

用 心 倾 听 表 6-2

要	不 要
1. 乘客投诉到车站时，应先请乘客坐下并及时给乘客倒水，表示对乘客的尊重； 2. 乘客叙述时要用心倾听，让乘客发泄情绪。在倾听过程中，可以插入"我理解""我明白"这样的话语来表示对乘客的重视与理解； 3. 不要轻易打断。如果有不明白的地方，要等乘客说完后，以委婉的语气请乘客提供情况，如："对不起，是不是可以向您请教……" 4. 适当安抚乘客情绪。如"请您别着急""您先消消气"等	1. 态度冷漠，对乘客的话没有回应； 2. 观点不同时，粗暴地打断乘客； 3. 表示出不满或不耐烦

小贴士

倾听的目的是让乘客把想说的话都说出来，让乘客一吐为快，然后才有协商的余地。其实有些乘客只要能全部倾吐就能解决全部问题，由于有些员工态度不佳引发乘客对该员工的不满，是得不偿失的。

二、了解乘客投诉的心理期望

乘客只有在对服务不满的情况下，才会进行投诉。而对乘客来说，既然选择了投诉，就一定会有一个心理预期并希望得到满意的答复。作为服务人员，只有了解了乘客投诉的心理期望，才能够有针对性地处理投诉。一般来说，乘客投诉的心理期望主要有以下几种：

（1）希望问题能被认真对待。有时乘客进行投诉或建议，并不是要求企业一定能够彻底改变这种现象，只是发表对此状态的看法与观点，给企业以警示。对于这种期望的乘客，一定要积极对待，耐心地听完乘客的批评与建议，抱着"有则改之，无则加勉"的正确态度，适当地对乘客表示感谢。

（2）希望得到当事人的道歉和尊重。乘客投诉有很大一部分是对工作人员服务态度的不满，这种情况下，乘客当然希望自身能得到重视，并希望当事人能给予道歉。在这种情况下，要耐心倾听，即使是乘客有错，也不要想着去理论，避免产生新的不满或进一步加深矛盾。因为乘客既然选择了投诉，就不会觉得是自己的责任。

（3）希望相关人员得到惩罚或惩戒。有时乘客对某位工作人员的服务不满，就会投诉，并希望该工作人员得到惩罚，所以需要向乘客保证企业一定会采取正确的行动，避免将来发生类似的问题。

（4）希望得到赔偿或补偿。乘客想要为自己的损失取得赔偿，也想为耗费的时间、造成的不便或遭受的痛苦得到补偿。对于由我们自身责任而造成的乘客损失，当然要协商赔偿办法，对于不是我们自身责任造成的乘客损失，也不能一味地迁就，要耐心地向乘客解释清楚。

三、真诚道歉

当乘客抱怨或投诉时，无论是否是工作人员的原因，都要诚心地向乘客道歉，并对乘客提出的问题表示感谢。尤其是在工作确实有过失的情况下，更应该马上道歉，如："对不起，给您添麻烦了。"这样，可以让乘客感到自己受到了重视。具体做法见表6-3。

真诚道歉   表6-3

要	不　要
1.适当地表示歉意。让乘客了解你非常关心他的情况，如："我们非常抱歉听到此事。" 2.道歉要诚恳，如："对不起，耽误您的时间了"	1.认为自己的行为没有错误，拒绝道歉； 2.道歉缺乏诚意，语音语调或肢体语言表现出不乐意或不耐烦

四、协商解决

在听完乘客投诉之后，工作人员首先要了解清楚乘客投诉和抱怨的原因，了解乘客的想法，切忌在没有了解乘客想法之前就自作主张地直接提出解决方案。在协商解决时，不要推卸责任，指责或敷衍乘客。在明白乘客的想法后，首先，要十分有礼貌地告知乘客将要采取的措施，并尽可能让乘客同意。如果乘客不知道或者是不同意这一处理决定，就不要盲目地采取行动。具体做法见表6-4。

协商解决   表6-4

要	不　要
1.平复乘客的不满情绪，如："我很能理解您的想法。" 2.主动提出建议和解决方法。如果是因为票卡（款）等问题，可以根据乘客的意见和表现出来的意思，结合实际情况，提出解决措施；如果是因为对服务人员的态度不满，则要考虑采取让服务人员本人道歉或由值班站长替代道歉等办法，平息乘客的不满情绪； 3.耐心地解释地铁的相关规定； 4.提出解决方案时，应语调平和、态度诚恳，不要再次引起乘客的不满情绪。如："这样处理，您看行吗？""我们这样办，您看合适吗？"	1.推卸责任、极力辩解； 2.指责乘客； 3.敷衍乘客

小贴士

请记住：在协商解决时，不要说"不"。如果你用"我不能""我不会""我不应该"这样的话语，会让乘客感到你不能帮助他。你可以反过来这样说："我们能为您做的是……""我很愿意为您做……""我能帮您做……"这样，乘客的注意力就会集中在可能的解决办法上，你就能创造一个积极正面的解决问题的氛围。

想一想

如果乘客之间发生冲突了，工作人员如何处理？

五、快速采取措施

乘客同意处理意见后，工作人员需要说到做到，而且是马上做到，速度很关键。快速地采取措施就是对乘客最大的尊重。一方面，耽误时间有可能引起乘客的进一步不满；另一方面，耽误时间还有可能引起乘客改变先前已经协商好的解决措施。如果遇到被投诉的员工不在现场的情况，可以采取电话道歉、书面道歉等处理方式。

对于那些不能立即实现的措施，工作人员应坦诚地告诉乘客企业正在办理，并把处理过程中的相关情况及时反馈给乘客，让乘客了解他们的问题正在得到解决。

小贴士

一旦发生投诉必须马上处理。拖延处理乘客的投诉，是导致乘客产生新的抱怨的根源。即使是与车站员工无关的投诉也应代表车站主动承担解决矛盾的责任。

六、感谢乘客

对待乘客的投诉一定要表示感谢，感谢乘客选择我们的服务并发现服务中的不足。因为这些批评指导意见会协助企业提高管理水平和服务质量。具体做法见表6-5。

感 谢 乘 客   表6-5

要	不　要
1. 对乘客表示感谢，如："谢谢您的配合""非常感谢您的建议"； 2. 必要时送乘客出站，让乘客感到自己受到重视	1. 怠慢乘客，自己先行离开； 2. 让乘客自行离开

单元 6.4　乘客投诉案例分析

一、因业务能力不强而引起的投诉

某日，乘客在某站刷卡后不能正常出站，到乘客服务中心进行票务处理，票务员直接为乘客补了进站记录，并提醒乘客："您下次进站时，别忘了刷卡。"乘客感到疑惑，到查询机查询后，发现扣了两次款，乘客投诉。

1. 投诉原因分析

票务员没有了解清楚事实，只是臆测行事。经查询，当时乘客实际上已刷上出站记录，可能是因为乘客刷卡时走错了闸机通道，或刷卡后未马上通过闸机，而票务员没有查询就直接主观认为乘客没有刷卡进站，导致乘客的票卡二次扣款。

2. 投诉处理的技巧

该投诉中，工作人员的服务态度没有明显错误。在处理过程中，需要重点就票务员的工作失误向乘客道歉，并赔偿乘客的经济损失。

3. 改善及建议

发现票卡无法正常进出站时，票务员不能主观臆断，应礼貌地先了解原因。在处理车票问题时，工作人员应加强责任心。

二、因乘客不了解地铁规定而引起的投诉

一日，在某车站，工作人员两次看见一名拾荒人员在地铁内进行拾荒，于是上前制止："以后不允许到车站进行拾荒。"拾荒人员对该工作人员不满，于是在车站寻衅滋事，声称车站的工作人员砸了他的饭碗，无法再生活下去，反正是死，还不如被列车撞死，然后就坐在站台边缘……

1. 投诉原因分析

乘客不了解地铁的相关规章制度，工作人员态度强硬地进行制止，并没有给乘客任何的解释，造成乘客的不满。

2. 投诉处理技巧

该案例中，工作人员的工作方式确实存在失误。在处理时，需要向乘客道歉，检讨工作人员不合适的处理方式，同时要向乘客耐心解释地铁里的规章制度，避免再次发生纠纷。

3. 改善和建议

在发现乘客有违规情况后，一定要耐心地向乘客解释地铁的规定，而不是一味地强硬制止。

三、因服务态度不好引起的投诉

某日，客流高峰期，乘客非常多（图6-5），车门即将关闭的提示音已经响起，一位乘客企图冲上车，被一位客运服务人员拦住了（因为客运服务人员觉得很危险，拽了这个乘客一下，可能是弄痛了乘客）。这位乘客非常气愤，直接就骂了句粗话，说："你以为你是谁啊，你凭什么拉我，弄伤了你负责啊……"客运服务人员态度也不是很好："你没看见车门关上了呀……"两个人争吵了起来……乘客投诉。相关资源见二维码49。

二维码49

图 6-5　乘客上车情景图

1. 投诉原因分析

（1）客运服务人员为了乘客的安全阻止乘客上车，这个出发点是对的。但客运服务人员和乘客发生了直接的碰触，这是乘客生气的促发原因。

（2）在乘客怒气冲冲地抱怨时，客运服务人员没有意识到自己做法的不当之处，不仅没有向乘客道歉，反而和乘客争执了起来，使冲突升级。

2. 投诉处理技巧

（1）对于由工作人员的态度而引起的乘客投诉，在处理过程中，一定要先照顾到乘客的情感需求和情绪，先向乘客表示歉意："不好意思……请原谅。"

（2）在平息了乘客的情绪后，耐心地向乘客解释原因，再次对工作人员的不合适做法向乘客表示歉意，并对乘客的配合表示感谢。

3. 改善及建议

（1）在阻止乘客上车时，应尽量避免和乘客发生直接碰触，减少纠纷的发生。

（2）在遇见有乘客说粗话骂人时，不应该给予直接反击，只能提醒乘客，否则只能使冲突升级。

案例分析 6-4

因工作人员的不作为引起的投诉

一日，某乘客下车后，向站台上正在从事维修工作的工作人员反映车厢内有乞讨人员乞讨，而工作人员却冷漠地说："我们又没有办法，这不归我管。"这引起乘客不满，乘客投诉。

（1）投诉原因分析

乘客所反映的问题确实超出车站维修人员的范围，但在乘客眼中，维修人员也是城市轨道交通的员工，乘客都表示关心的问题，作为员工却说没有办法，这样的回答势必会在乘客心中造成推卸责任的印象。

（2）投诉处理技巧

由于工作人员的不作为所引起的投诉，在处理过程中，要先向乘客道歉，主动承认我们的工作失误，并向乘客提出的问题表示感谢，并承诺车站一定会积极处理。在该乘客同意的情况下，可以请他留下姓名和联系电话，并告知主管部门会将处理情况反馈给他。

（3）改善及建议

乘客主动提出意见和建议，实质上是为了改善车站工作，应该虚心接受，热情对待。

案例分析 6-5

因票务员没有按售票作业程序售票引起的投诉

2010 年 2 月，有一名乘客来到乘客服务中心，认为大概半小时以前票务员少找给他 50 元钱，票务员在听取情况后，个人认为不会少找钱给乘客，直接就和乘客说："我都售票这么长时间了，不可能出现少找给您钱的情况。"乘客很激动，开始指责票务员，并要求找值班站长投诉……

（1）投诉原因分析

①票务员在售票过程中，没有严格按照售票作业程序进行售票，导致乘客怀疑售票员少找钱给他，是和乘客发生纠纷的主要原因。

②当乘客回来说少找钱的时候，票务员没有认真做好乘客安抚工作，而是一口咬定自己没有少找钱，导致乘客情绪激动。

（2）投诉处理技巧

①当乘客认为票款不符时，应耐心地向乘客解释："对不起，我们的票款是当面点清的，请您再确认一下您的票款是否正确，多谢。"

②如果乘客坚持认为少找钱，应先安抚乘客，平息乘客的情绪，然后提出解决方案，请求上报车站控制室进行查账，最终确定乘客的反应是否属实。

③如果属实，需要向乘客道歉，并退还少找的钱款；如果不属实，应该耐心地向乘客解释，做好安抚工作："对不起，经我们查实，我们的票款没有差错，请您谅解。"如果乘客为难工作人员，可以请求公安部门的配合。

（3）改善与建议

票务员应该严格按照标准售票作业程序操作，并提醒乘客当面点清票款。

🔍 案例分析 6-6

因客运服务人员主观臆断引起的投诉

2010年1月，有两位乘客持同一张一卡通卡进站，当一名乘客刷卡进站后，把一卡通卡给了同行的人，另外一名乘客无法刷卡进站。因客流量较大，该站票务员没有问清原因，直接对一卡卡通进行了进站更新，另外一名乘客也顺利进站，但出站时被客运服务人员发现，要求其补票。乘客不满意，认为已经刷过两次并扣完钱了，坚持不肯补票，客运服务人员则主观臆断他们违规使用车票，故意逃票，发生争执。

（1）投诉原因分析

①票务员帮助乘客更新车票时没有了解和确认原因，造成一票多人进站，给后来纠纷的发生埋下了种子。

②乘客不清楚票务政策，认为已经扣过两次钱，导致乘客和客运服务人员发生争执。

③客运服务人员主观意识过强，认为是乘客故意逃票，导致乘客和客运服务人员的纠纷升级。

（2）投诉处理技巧

①发现情况后，客运服务人员不能主观臆断，应该礼貌地先了解原因。

②对票务员的工作失误向乘客表示抱歉，并向乘客做好票务政策的解释，注意在和乘客沟通的过程中应耐心地使用礼貌用语。

③如果乘客同意补票，客运服务人员应向乘客表示感谢，如："谢谢您的理解和配合。"

（3）改善与建议

员工在处理乘列车票时，应加强工作的责任心。当乘客持一卡通无法进站时，应先向乘客确认是否是一票多人进站。

复习与思考

一、简答题

1. 什么是乘客投诉？产生乘客投诉的原因有哪些？
2. 简述处理乘客投诉的基本原则。
3. 简述处理乘客投诉的常用技巧。

二、案例分析

某日，一名男性乘客拿着伤残军人证换福利票，经票务员辨认是伪造证件，票务员丝毫没有顾及乘客面子，大声指出该证件是伪造的，不同意为其换取福利票，乘客觉得没有面子，开口就骂"××××，我的证件没有问题……"和票务员吵了起来，影响了票务员对后面乘客的服务，一分钟之后，票务员请求值班站长协助处理，乘客边骂边离开了车站。

思考：

（1）在该案例中，票务员哪些地方做得不合适呢？
（2）乘客和票务员争吵的主要原因是什么？如何避免该乘客再次利用伪造证件？
（3）如果你是票务员，你会如何处理？

三、角色扮演（分组完成）

1. 根据地铁实际情况，举出一个发生乘客纠纷的事件。
2. 研讨事件处理的经过。
3. 完成下列表格。组员分角色扮演值班站长、站务员、乘客等角色，并分组表演。

1	日期：		时间：
2	参与者		
	姓名		扮演角色
3	演练情景		

参 考 文 献

［1］刘莉娜．城市轨道交通客运组织［M］．北京：人民交通出版社，2010．

［2］董正秀．铁路客运服务礼仪［M］．北京：中国铁道出版社，2006．

［3］宏阔，刘小红．航空服务礼仪概论［M］．北京：中国民航出版社，2008．

［4］尹志坤．旅客列车乘务细节与礼仪［M］．北京：中国铁道出版社，2006．

［5］上海申通地铁集团有限公司和轨道交通培训中心．城市轨道交通车站客运服务［M］．北京：中国铁道出版社，2010．

［6］裴瑞江．城市轨道交通客运组织［M］．北京：机械工业出版社，2009．

［7］李霞．大学生礼仪指导与训练［M］．北京：首都经济贸易大学出版社，2009．

［8］广州地铁车务一部．站务员应知应会，2006．

［9］贾俊芳．城市轨道交通服务质量管理［M］．北京：北京交通大学出版社，2012．

［10］朱海燕，王伟雯，何静等．城市轨道交通客运组织［M］．北京：中国铁道出版社，2009．

［11］秦国栋，陈燕申，张素燕．城市轨道交通客运服务标准编制研究［J］．城市交通，2008，（03）．

［12］皋琴，李卫军，饶培伦，郭道静，陈翠玲．北京地铁服务质量评价［J］．城市轨道交通研究，2011，（02）．